성적으로 연결되는

초등
비문학
독서법

성적으로 연결되는
초등 비문학 독서법

초판 1쇄 인쇄 _ 2023년 9월 25일
초판 1쇄 발행 _ 2023년 10월 10일

지은이 _ 김현선

펴낸곳 _ 바이북스
펴낸이 _ 윤옥초
책임 편집 _ 김태윤
책임 디자인 _ 이민영

ISBN _ 979-11-5877-357-1 03370

등록 _ 2005. 7. 12 | 제 313-2005-000148호

서울시 영등포구 선유로49길 23 아이에스비즈타워2차 1005호
편집 02)333-0812 | **마케팅** 02)333-9918 | **팩스** 02)333-9960
이메일 bybooks85@gmail.com
블로그 https://blog.naver.com/bybooks85

책값은 뒤표지에 있습니다.

책으로 아름다운 세상을 만듭니다. ― 바이북스

미래를 함께 꿈꿀 작가님의 참신한 아이디어나 원고를 기다립니다.
이메일로 접수한 원고는 검토 후 연락드리겠습니다.

성적으로 연결되는

초등 비문학 독서법

김현선 지음

바이북스
ByBooks

머리말

요즘처럼 책을 잘 읽지 않는 시대에 문학작품이든 아니든 많이만 읽으면 좋은 것이 아닐까? 하지만 내가 비문학 독서법에 관심을 가지게 된 계기가 있다. 각종 미디어에 종종 등장하는 다양한 문해력 부족의 사례들은 단순히 책을 읽는 것과 이해하는 것 사이의 간극을 여실히 보여준다. 책을 제대로 읽는 법을 배울 필요가 있다.

책 잘 읽는 아이 모두가 공부를 잘하는 건 아니다

독서의 중요성이 강조되면서 주변에는 책만 열심히 읽으면 공부를 잘할 거라고 굳게 믿는 부모들이 많다. 무슨 책이든 그저 많이 읽기만 하면 독서의 힘으로 공부도 알아서 잘할 거라 생각한다. 저학년의 경우, 독서량에 따라 어휘력이나 독해력은 물론 수업 태도, 성적까지도 좌우하는 건 사실이다. 그도 그럴 것이 긴 책을 읽기 위해서는 집중력이 필요하고, 많이 읽으면 어휘력이 풍부해져 말귀도 잘 알아듣는다. 그런데 이런 믿음의 유효 기간은 딱 초등학교 저학년 때까지이다.

중학년이 되면서부터 '책 잘 읽는 아이=공부 잘하는 아이'의 공식은 미세한 균열이 생기기 시작한다. 그도 그럴 것이 중학년은 교과서의 내용과 구성이 확 달라지는 시기이다. 저학년에 비해 그림보다 글 비중이 높고, 과목 수도 많아진다. 교과의 내용도 지식과 정보를 다루는 설명글이 주가 된다. 사정이 이렇다 보니 교과서도 어려워지고, 수업 시간에 선생님께서 하시는 말도 잘 이해되지 않는다. 심지어 평가지가 무엇을 묻는지 몰라 풀지를 못하는 일까지 생긴다. 문제는 책을 많이 읽었다고 하는 아이들 가운데서도 이런 일이 생긴다는 점이다. 빠듯한 살림에도 책 읽기를 즐기는 아이를 위해 책값을 아끼지 않은 부모로서는 황당한 일이 아닐 수 없다.

열심히 책을 읽는데도 교과서를 어려워하고, 읽은 만큼 성적이 나오지 않는다면 아이가 어떤 책을 읽고 있는지 살펴보아야 한다. 대개가 이야기책 위주의 독서를 할 것이다. 애석하게도 아이들이 즐겨 읽는 창작소설이나 판타지 등은 학습으로 연결되지 않는다. 이야기책은 중독성마저 있어 빠져들면 공부보다 책 읽기에 골몰하게 되는 경우가 많다. 이때 독서는 휴식이자 취미생활이다. 물론 이야기책 위주의 독서를 많이 하다 보면 독해력은 향상되지만 정작 성적과 연관해서는 별 도움이 되지 못한다. 독서가 공부의 힘이 되려면 학습과 연관된 지식 정보책인 비문학 독서를 해야 한다.

믿는 도끼에 발등 찍히다

필자가 비문학 독서의 중요성을 깨닫게 된 것은 7년 전으로 거슬러 올라간다. 아이가 고등학교 입학해서 처음으로 전국 단위의 모의평가를 치렀던 날, 시험 결과를 궁금해하는 나에게 아이는 한숨을 쉬면서 풀죽은 목소리로 이렇게 말했다.

"엄마, 난 한국 사람 아닌가 봐. 어떻게 한국말이 이해되지 않지?

성적으로 연결되는 초등 비문학 독서법

다 한글인데 무슨 말인지 도대체 모르겠어요."

처음 그 말을 들었을 때 언뜻 아이의 말을 이해할 수 없었다. 그동안 책도 착실히 읽어왔고, 중학교 때 국어 성적도 잘 나왔던 터라 더 의아했다. 하지만 아이의 시험지를 받아 든 순간, 무언가 잘못되었음을 깨달았다. 아이를 좌절시킨 문제는 모두 언어 영역 비문학 지문이었다. 전형적인 문과 성향인 아이는 주로 이야기책 위주의 독서를 해왔다. 간혹 지식 정보책을 접하긴 해도 흉내만 낼 뿐이었다. 그런 아이에게 비문학 지문의 어휘는 너무 낯설고 생소했다. 한글이지만 한글이 아닌 흡사 '외계말 대잔치'처럼 느껴졌다.

첫 모의고사 이후 아이는 국어를 어려워하기 시작했다. 성적을 올리기 위해서 학원을 등록해 공부했지만, 효과는 미미했다. 사실 비문학은 범위도 넓고, 매번 새로운 지문이 등장하므로 복습이 무의미했다.

마음 바쁜 고등학생이 할 수 있는 일은 몇 안 되었다. 궁여지책으로 매일 한 편의 신문 기사를 읽고 모르는 낱말을 찾아 정리하고, 내용을 요약했다. 더불어 문제집을 풀면서 비문학 지문에 익숙해지려고 노력했다. 하지만 그것마저도 쉽지는 않았다. 워낙 이야기책 문장에 익숙하다 보니 비문학 문장을 읽어내는 것을 힘들어했다.

공부에 도움이 되는 책을 읽어야 성적이 오른다

초등학생들의 비문학 독서에 관심을 가지게 된 것은 그때부터였다. 만일 초등학교 때부터 비문학 독서의 중요성을 알았더라면, 그래서 교과 연계 비문학 독서를 꾸준히 했더라면 상황은 지금과 많이 달랐을 것이다. 당시 내가 내린 결론은 이렇다. 독서가 공부에 도움이 되려면 학습과 관련 있는 책을 읽어야 한다. 그러기 위해서는 초등학생 때부터 이야기책과 지식 정보를 다룬 비문학 독서를 병행해야 한다. 이와 더불어 어휘력을 키우기 위해 사전 찾기를 생활화해야 한다. 어휘력은 학습을 위한 핵심 도구인 동시에, 일상생활에 꼭 필요한 기본도구이다.

낯선 어휘는 눈으로만 읽어서는 내 것이 될 수 없다. 짧게나마 활용해보아야 한다. 더하여 고학년으로 올라갈수록 비문학 독서에 비중을 높여 다방면에 배경지식을 쌓고, 읽은 내용을 자기 말로 정리하는 습관을 들여야 한다. 그래야 읽은 내용이 온전히 내 것이 된다.

실제로 언어 영역에서 높은 점수를 받은 학생들은 교과 연계 비문학 독서를 많이 한다. 초등학교 때부터 교과 연관 도서를 찾아 읽으면서 배경지식을 쌓고, 모르는 단어는 사전을 찾아서 정확히 이해하는 공부 습관을 갖고 있다. 대부분은 폭넓은 독서를 통해 비문학 지문으로 나온 문제들에 대한 배경지식을 갖고 있었다. 그러니 남들보다 수월하게 문제를 풀 수밖에.

반면 이야기책 위주의 독서를 해온 아이들은 읽기만 하지 모르는 낱말이 나와도 사전을 찾는 일은 거의 없다. 줄거리의 흐름에 나를 맡기고 그저 스토리를 즐길 뿐이다. 결과 지식과 정보로 가득 찬 비문학 글을 어려워한다. 어려워하니 피하게 되고, 그러다 보니 점점 비문학과 멀어지게 된다. 사실 따지고 보면 문제가 어려워서라기보다 글의 구조와 어휘가 생소하고 낯설어 내용이 머릿속에 들어오지 않아 문제를 못 푸는 경우가 더 많다.

기본적으로 수능 언어 영역은 문학과 비문학 지문을 통해 대학에서 필요로 하는 수학 능력을 얼마나 갖추었는지를 묻고 있다. 이를 위해 균형 잡힌 독서 습관이 필요한데, 가장 좋은 시기가 초등학교 때이다. '세 살 버릇 여든까지 간다.'는 말처럼 한 번 굳어진 독서 습관은 쉽게 고치기가 힘들다. 내 경우처럼 아이가 책을 많이 읽으니 '알아서 잘 읽겠지.' 하며 방치하다간 믿는 도끼에 발등을 찍히는 일이 일어난다. 이것이 내가 이 책을 쓴 이유이다.

이 책에는 경험을 통해 내가 깨달은 것과 그동안 실천한 여러 가지 비문학 독서법이 소개되어 있다.

1장은 균형 잡힌 독서 습관이 왜 필요한지 정리했다. 독서가 성적으로 연결되려면 어떻게 책을 읽어야 하는지, 이야기책 위주의 독서가 무엇이 문제인지를 다루었다.

2장은 비문학 독서법에 대해 정리했다. 비문학 독서의 출발은 교과서이다. 교과서를 잘 읽는 방법, 다양한 매체를 이용해 어휘력 늘리는 방법 등등을 안내했다. 특히 특정 주제에 대해 넓고 깊게 읽는 키워드 독서법을 자세히 소개했다.

3장은 책 내용을 정리하는 방법을 다루었다. 한 번 읽었다고 책 내용은 내 것이 되지 않는다. 책 내용을 오래 기억하기 위한 다양한 방법을 정리했다. 필자가 운영하는 독서 토론 동아리에서 다룬 토론 내용도 정리해서 담았다. 또래 청소년들의 생각을 엿볼 수 있다.

4장은 독서의 즐거움을 배가하는 다양한 독후 활동을 소개했다. 현장에서 적용할 수 있는 토론 방법과 사례가 나와 있다.

5장은 책을 좋아하게 만드는 작은 습관들은 어떻게 만들어지는지 소개했다. 더불어 책을 읽으며 질문하는 것이 얼마나 중요한지 설명해놓았다.

2013년, 처음 대치동에서 '강남 에르디아'라는 어린이 청소년 독서 동아리를 만들었을 때가 기억난다. 교육 현장에서 디베이트를 하면서 상처받는 아이들을 많이 보았다. 그때부터 내 화두는 "아이들이 주눅 들지 않고 편하게 토론할 수 없을까?"였다. 그 질문에 대한 답이 '비경쟁 토론'이다. 동아리를 통해 난 아이들이 책을 읽고 나누는 것이 얼마나 즐거운지도 느끼게 해주고 싶었다. 더불어 책 읽기가 현재의 나를 만들었기에 아이들도 책을 통해 자신의 길을 찾기를 바랐다.

그런 순수한 바람은 3년 차가 되던 해 변화를 맞았다. 계기는 '비문학 지문'이다. 수능 비문학 문제는 딸아이한테도 충격이었지만, 나에게는 더 충격이었다. 그 일은 독서에 대한 내 생각을 바꾸어놓는 계기가 되었다. 그 후로 토론 도서를 선정할 때 의도적으로 지식 정보책의 비중을 늘려나갔다. 이야기책에 익숙한 아이들은 "지식 정보책은 재미가 없다."고 대놓고 이야기하기도 했다. 그래도 간혹 공부에 도움이 되었다는 말을 들었을 때 기뻤다. 그렇게 지식 정보책을 같이 읽

성적으로 연결되는 초등 비문학 독서법

고 사전 찾기를 해 나갔다. 중학생의 경우 조별로 파트를 나누어 직소 토론으로 내용을 정리했다. 《중국을 답하다》, 《일본은 있다》, 《생각의 지도》, 《철학, 과학 기술에 말을 걸다》, 《친절한 과학책》, 《독서의 기술》, 《플라톤의 국가란 무엇인가》, 《전염병이 휩쓴 세계사》, 《옷장 속의 세계사》, 《사피엔스》, 《총균쇠》, 《카네기 인간관계론》 등등. 청소년들과 함께 읽은 지식 정보책이다.

그러다 보니 욕심이 생겼다. 알게 된 배경지식에 넓이와 깊이를 더하고 싶었다. 그렇게 시작된 것이 키워드 독서법이다. 단순히 한 권의 지식 정보책을 읽고 끝나는 것이 아닌 해당 주제에 대해 여러 권을 읽어 주제를 통합적으로 바라볼 수 있게 하는 독서법이다. 이번 학기 중등 토론 주제는 '근대'이다. 《굿바이 조선》, 《척화냐 개화냐, 조선의 마지막 승부수》, 《모던 걸의 명랑 만세》, 《인천 100년의 시간을 걷다》 등은 근대를 더 입체적으로 바라보게 해주었다.

끝으로 이 자리를 빌어 항상 강남 에르디아를 응원하고 격려해주시는 학부모님들과 나의 책동지인 학생들, 그리고 나의 동료이자 친구인 문지희 선생님께 감사드린다. 더불어 10년을 한결같이 대치1 주민센터 다목적 강당을 무료 대관해 주시는 대치1 주민센터 관계자 분과 편하게 동아리를 운영할 수 있도록 여러 가지 도움을 주시는 대치1 작은 도서관 관계자 여러분께도 감사의 인사를 드린다.

✎ 차례

Chapter 1

공부 잘하는 아이는 읽는 책이 다르다

Chapter 4

독서의 재미를 배가하는 독후활동

Chapter 5

책을 좋아하게 만드는 작은 습관들

chapter 1

공부 잘하는 아이는 읽는 책이 다르다

많이 읽었는데
나아지지 않으면 '책'을 의심하라

공든 탑도 무너질 수 있다

"책을 그렇게 많이 읽었는데 교과서가 어렵대. 이게 말이 돼? 어떻게 해야 할지 너무 당황스러워."

오랜만에 만난 친구는 이렇게 말하고 울먹였다. 평소 친구는 열혈 엄마로 자녀 독서 교육에도 열심이었다. 책을 좋아하는 사람으로 자라기를 바라는 마음에 돌도 안 된 아이에게 날마다 그림책을 읽어주었다. 엄마의 정성 덕분인지 친구 딸은 초등학교 3학년 무렵에 벌써 3,000권의 책을 읽었다. 친구는 만날 때마다 아이가 얼마나 공부를 잘하는지, 책은 또 얼마나 많이 읽었는지 자랑을 하곤 했다. 한마디로 친구 딸은 주위에서 부러워하는 '엄친딸'이자, 자부심이었다.

그런 아이가 교과서를 어려워하다니 언뜻 이해되지 않았다. 좀 더 이야기를 들어보니 친구 딸은 중학생이 되고부터 가끔 공부가 어렵다고 하더니, 첫 중간고사에서 영어, 수학을 제외하고 나머지 과목에서 중위권 성적을 받았다. 처음에는 이를 심각하게 받아들이지 않았다. 영어, 수학의 기초가 튼튼하니 다른 과목은 얼마든지 따라잡을 수 있다고 생각했다.

2학년이 되어도 상황은 나아지지 않았다. 특목고 진학을 목표로 하고 있어 시간을 늘려 열심히 공부했지만, 국어, 사회, 과학은 여전히 중위권을 벗어나지 못했다. 그중 사회 과목은 더 떨어졌다. 상황이 이렇게 되자 아이는 지쳐갔다. 하루는 아이가 "엄마, 교과서가 너무 어려워요. 아무리 읽어도 무슨 말인지 모르겠어요." 하며 눈물을 뚝뚝 흘렸다고 했다. 순간 친구는 눈앞이 깜깜해졌다. 꾸준히 독서를 했던 내 아이가 교과서를 어려워하고, 무슨 말인지도 모르겠다고 하니 기가 찼다.

이야기를 듣는 동안 궁금해졌다. 대체 그동안 어떤 책을 읽었기에 교과서를 어려워하는지 말이다. 얘기를 들어보니 아이는 문학 위주의 이야기책을 주로 읽어왔다. 《아몬드》(미디어창비), 《페인트》(창비), 《학교 안에서》(사계절), 《달러구트 꿈 백화점》(팩토리나인), 《미드나잇 라이브러리》〔인플루엔셜(주)〕, 《세계를 건너 너에게 갈게》(문학동네), 《나미야 잡화점의 기적》(현대문학) 등등이 친구 딸이 지난 6개월 동안 읽은 책이다. 하나같이 좋은 책이지만 사회, 과학, 국어 비문학 지문을 풀 때 도움이 될 만한 책은 눈에 띄지 않았다.

그제야 책을 많이 읽었는데도 성적이 떨어진 이유를 짐작할 수 있었다. 상담하다 보면 이런 경우를 자주 만난다. 책을 많이 읽었는데도 성적이 나오지 않은 아이들은 대개 문학 위주의 독서를 했다.

독서가 성적에 도움이 된다는 믿음이 퍼지면서 부모들은 무조건 많이 읽으면 공부도 잘하겠지 생각한다. 이런 부모의 소망과는 달리 비문학 독서를 등한히 하고 이야기책 위주의 독서 습관을 갖고 있는 경우 상급학교로 올라갈수록 성적이 조금씩 하락한다. 바뀐 성적은 좀처럼 변하지 않는다. 일명 책만 읽다 손해 보는 아이들이다. 관건은 무조건 많은 책을 읽는 것보다 어떤 책을 읽느냐에 따라 '공든 탑'이 더 굳건해지기도 하고, 무너지기도 한다.

이야기책 위주의 독서습관, 무엇이 문제인가요?

내가 이야기책 위주의 독서 습관에 주목한 건 사실이지만, 이야기책이 나쁘다는 의미는 절대 아니다. 이야기책은 아이들의 상상력을 키우고 글 읽는 습관을 만드는 데 훌륭한 역할을 한다. 그런데 아이가 학년이 올라가면 예상하지 못했던 일이 일어난다. 평소 책을 끼고 살던 아인데, 교과서가 어렵다고 한다. 단어도 어렵고, 내용도 어렵다고 한다.

이는 한쪽으로 치우친 독서를 한 경우에 나타나는 현상이다. 대개 영유아부터 학령기 전 단계까지 아이들은 명작동화, 전래동화 같은 이야기책 위주의 독서를 한다. 초등학교에 입학해서도 이와 같은 독서 습관은 그대로 이어진다. 그러니 중학년이 되어 교과서에 지식 정보 관련 어휘나 개념이 나오면 당황할 수밖에 없다.

요즘 교과서를 보면 국어에도 과학, 역사 지문이, 수학에 한자가 등장한다. 사회 과목에는 지리, 역사, 과학이 나온다. 국어 문제인데 역사를 모르면 풀지 못하고, 사회 문제인데 과학 용어를 모르면 풀 수 없다. 그야말로 한 교과목에 모든 학문이 등장한다. 이런 교과목의 흐름은 초등 중학년부터 드러나기 시작해 초등 고학년이 되면 더 심화된다. 중·고등학교는 말할 것도 없다.

그래서 이야기책만 읽은 아이들의 경우 교과서를 어려워한다. 만약 일찌감치 비문학 독서를 했다면 상황은 많이 달라졌을 것이다. 미리부터 이야기책과 비문학책의 균형 잡힌 독서를 했다면 자연스럽게 폭넓은 단어와 배경지식을 습득했을 것이다. 이걸 뒤늦게 깨달은 부모들은 아이들에게 문제집이나 학습지를 통해 단어 암기를 시킨다. 하지만 비문학은 범위가 워낙 넓기에 그때그때 암기하는 것으로는 문제 해결이 어렵다.

이야기책과 비문학책이 이렇게까지 차이가 있냐고 선뜻 수긍하기 어려울 수 있다. 하지만 집에 있는 책 몇 권만 펼쳐봐도 쉽게 확인할 수 있는 사실이다. 이야기책에서 다루는 어휘는 대개 구체어거나 일상적으로 많이 사용하는 용어이다. 사과, 배, 집, 우주선 등은 구체어에 속하고, 평화, 사랑, 감사 등등은 추상어이지만 일상적으로 많이 사용한다. 특정 단어의 뜻을 모른다고 해도 이야기책은 흐름을 타기에 술술 읽을 수 있다.

이에 비해 비문학책에는 추상적이고 어려운 어휘가 많이 나온다. 교과서는 대표적인 비문학 책이다.《국어 5-2》1단원은 일제 강점기의 여성 독립운동가 남자현을 단 두 줄로 소개하고 있다. '중국에서 독립군 활동을 했다. 여성 교육과 계몽 운동에 힘썼다.' 어른들 눈에는 평범한 문장이지만, '계몽 운동'이라는 단어는 아이들에게 생소하고 낯설다. 문장의 의미를 제대로 파악하기 위해서는 '계몽'과 '운동'이라는 단어를 제대로 이해해야 한다.

평소 다양한 분야의 책을 읽어온 아이들은 새로운 교과 내용이나 낯선 어휘도 쉽게 이해한다. 배경지식이 탄탄하기 때문이다. 반면 이야기책만 줄곧 읽어온 아이들은 비문학 지문에서 나오는 개념이나 용어가 낯설고 어렵다. 의미가 잘 들어오지 않는다. 수업을 들을 때는 알 것 같은데, 돌아서면 잊어버린다.

이런 아이들은 교과서가 어려워 공부할 때, 내용이 요약된 문제집을 먼저 본다. 문제를 풀 때도 문제를 보고 푸는 것이 아니라 문제집 앞장에 요약된 내용을 보고 푼다. 그러니 '자기화'가 되지 못한다. 글을 읽는다는 것은 글자를 '해독'하고 뜻을 이해하는 '독해' 과정을 지나 나름대로 이해하고 받아들이는 '자기화' 과정을 거쳐야 한다. 개념을 이해하지 못하면 자기화가 되지 않기 때문에 단순히 눈으로 글을 읽는 기계적인 행동만 하게 된다. 그렇게 되면 시험을 치르거나 숙제를 제출하고 나면 공부한 내용을 까맣게 잊어버린다. 설익은 선행학습처럼 배웠다는 '추억'만 남는다.

안타깝게도 대개 이야기책만 줄곧 읽어온 아이들은 비문학 도서보다 문학책을 선호한다. 이는 글의 구조 때문이다. 이야기책과 비문학책은 글의 구조가 다르다. 익숙한 것을 편하게 생각하다 보니 평소 구조도 다르고, 생소한 어휘가 많이 나오는 비문학책에는 손이 가지 않는다. 일반적으로 책을 좋아하는 아이들은 책을 읽으며 스트레스를 푸는 경향이 있는데, 이때도 편하게 읽을 수 있는 문학책을 집어들게 된다. 한쪽으로 기울어진 독서가 변함없이 계속되는 이유이다.

뿌리 깊은 나무는 바람에 흔들리지 않는다

2015개정 교육과정은 창의융합형 인재 육성을 목적으로 한다. 그 일환의 하나가 교과 간의 벽을 없애는 '통합교과'의 도입이다. 예전에는 국어, 수학, 사회, 과학 등의 과목을 뚜렷하게 구분해 가르쳤다면, 통합교과는 기존의 교과와 교과 간의 관계를 뛰어넘어 지식의 활용 범위를 확대·적용함으로써 세상의 복잡한 현상이나 문제들을 균형 잡힌 시각으로 바라보는 데 초점을 맞추고 있다.

통합교과는 인구·환경·실업·기아, 기술 등등 실제적인 문제를 다룬다. 이를 위해 개별지식의 습득보다는 전체적인 개념과 기본 원리를 이해해야 학습의 효율성이 증대된다. 국어 교과서에 역사와 과학, 기술 지문이 나오고, 수학 교과서에 과학 지문이 나오는 이유다.

통합교과와 상관없을 것 같은 수학 교과만 해도 그렇다. 예전에는 단순히 계산만 잘하면 시험에서 높은 성적을 받을 수 있었다. 반면 지금은 계산만 하는 문제는 찾아보기 힘들다. 《수학》 5학년 1학기 2단원의 〈탐구 수학〉을 보면 '십간십이지 표'를 보고 규칙을 찾는 활동이 나온다. 문제를 풀려면 우선 '십간십이지'에 대해 알아야 한다. 교과서에는 십간십이지는 우리 조상들이 연도를 나타낼 때 쓴 말이며, 10일을 뜻하는 십간(十干)과 12종류의 동물을 뜻하는 십이지(十二支)를 사용했다는 설명이 자세히 나와 있다. 하지만 아무리 친절하게 설명해도 '십간십이지'에 대한 배경지식이 없으면 생소하고 낯설어 겁부터 집어먹는다. 문학과 비문학의 균형 잡힌 독서가 필요한 이유다.

통합교과는 지식이 파편적으로 떨어져 있지 않고 서로 연결되어 있다. 기초 개념에서 시작해서 심화 개념으로 나아간다. 지식이 단계적으로 확장되기 때문에 이전에 배운 내용을 제대로 이해하지 못하면 어려움을 겪는다. 즉, 초등에서 배운 기초 개념은 중학교, 고등학교에서 배우는 여러 과목의 바탕이 된다. 따라서 기초를 다져놓지 않

성적으로 연결되는 초등 비문학 독서법

으면 학년이 올라갈수록 교과서가 점점 어려워진다.

교과서가 어려우니 공부를 해도 이해가 안 되고, 이해가 안 되니 머리에 들어오지 않는다. 반복되면 교과에 대한 호기심도 떨어지고 이해의 폭도 좁아진다. 그래도 초등학교 때는 학습량이 많지 않기 때문에 달달 외우기만 하면 어느 정도 성적을 올릴 수 있다. 하지만 이런 요령은 상급학교에서는 통하지 않는다. 그러면 성적 하락은 피할 수 없는 현실이 된다.

상급학교에 진학해서도 공부 잘하는 아이의 비결

초등학교 시절에는 존재감이 없이 지내다가 중학교에 진학하면서 존재감을 드러내는 아이들이 있다. 이런 아이들의 공통점은 모두 균형 잡힌 독서를 꾸준히 해왔다는 것이다. 올해 중학교 3학년에 올라가는 서연이가 그런 아이다.

다른 어머니들과 마찬가지로 서연이 어머니도 어려서부터 아이한테 책을 많이 읽어주었다. 다른 점이라면 아이가 어떤 사물이나 현상에 대해 호기심을 갖고 질문을 하면 그냥 넘어가지 않고 기초 개념을 다루는 그림책을 찾아 함께 답을 찾아갔다.

예를 들어 시골 할머니 댁에 놀러 가서 풀 뽑기를 하는데 잘 안 뽑히는 것을 이상해하면《뿌리》(베틀북) 책을 읽어주어 호기심을 충족해주었다. 길 가다가 지렁이를 보고 신기해하면 지렁이에 관한 그림책을 찾아 읽어주었다. 그러다 보니 읽기 독립을 해서도 자연스럽게 이야기책과 지식 정보책의 균형을 맞출 수 있게 되었다.

서연이는 혼자 공부할 때도 교과서에 나오는 개념이 잘 이해되지 않으면 관련 도서를 찾아 읽었다. 이렇게 공부하다 보니 남보다 배우는 속도는 느렸으나 한 번 배운 개념은 남들 앞에서 설명할 정도가 되었다. 그러니 성적이 좋을 수밖에.

대체로 공부를 잘하는 아이들은 어휘와 개념에 강하다. 거기에는 균형 잡힌 독서가 자리 잡고 있다. 비문학 독서는 교과서에서 배운 개념을 머릿속에서 명확히 그릴 수 있고, 설명할 수 있도록 도와준다. 배운 내용을 설명할 수 있으면 기억에 오래 남는다. 그러므로 통합교과에서 문학과 비문학의 균형 잡힌 독서 습관은 선택이 아닌 필수이다. 그래야 고학년이 되어서도 길을 잃지 않고 제 실력을 발휘할 수 있다.

아무리 읽어도
무슨 말인지 모르겠어요

어휘력이 공부력이다

이야기책에만 푹 빠져서 비문학 독서를 병행하지 못했을 때 아이들의 어휘력이 부족해진다. 어휘란 우리가 쓰는 말과 글의 기본 요소이다. 국어사전에서 어휘는 '어떤 일정한 범위 안에서 쓰이는 단어의 수효 또는 단어 전체' 혹은 '어떤 종류의 말에 간단한 설명을 붙여 순서대로 모아 적어놓은 글'이라고 나온다. 어휘는 단어의 집합체로, 단어보다 범위가 넓으나 일반적으로 단어와 동일한 의미로 쓰인다. 이 책에서는 두 가지 의미를 혼용해서 사용하겠다.

어휘력이란 '어휘를 마음대로 부리어 쓸 수 있는 능력'을 말한다. 마음대로 부리어 쓰려면 뜻을 정확하게 이해하고 적절하게 사용할 수 있어야 한다. 어휘력이 풍부하면 말과 글을 마음대로 부려 생각을 제대로 표현할 수 있다.

모든 공부의 기본은 읽기, 쓰기, 말하기, 듣기다. 이 중에서 읽기와 듣기는 성적과 밀접한 관계가 있다. 글자를 틀리지 않고 읽는 것도 읽기의 한 부분이지만 그것이 전부는 아니다. 읽었으나 이해하지 못하고, 문맥 속에 의미를 파악하지 못하면 제대로 읽었다고 할 수 없다.

어휘력이 부족하면 읽기가 제대로 되지 않는다. 읽었으나 뜻을 모르면, 문장의 의미를 이해하기 힘들다. 어휘를 제대로 알고, 문장의 의미를 파악하는 것은 공부의 핵심이다. 따라서 어휘력은 공부의 핵심이며, 모든 공부에 바탕이다. 어휘를 알아야 핵심 개념을 파악할 수 있고, 시험도 잘 볼 수 있다.

초등학생 때는 알고 있는 어휘도 많지 않고 배경지식도 부족하다. 유추하는 능력도 부족하여 새로운 어휘를 만나도 앞뒤 문맥을 따져 뜻을 알아내기가 쉽지 않다. 학습에서 쓰이는 어휘는 일상생활에서는 자주 쓰이지 않아 모르면 외국어나 다름없다. 평소 정확한 뜻을 이해하지 못하면 수업을 따라가기가 힘들다.

국어 교과서에서 '과찬', '보좌', '교역', '척박한', '탐사' 같은 어휘나 사회 교과서에서 '저출산', '고령화' 등의 개념도 어휘의 뜻을 알아야 이해할 수 있다. 특히 사회 과목에 나오는 어휘는 아동이나 청소년의 말이 아니라 성인의 언어이다. 직접 경험할 수 없는 추상적인 말들이 대부분이다. 단원마다 새로 등장하는 어휘를 제대로 익히지 않으면 개념을 파악할 수 없다. 글을 읽어도 내용이 머리에 들어오지 않는다. 그러다 보니 읽어도 생각나지 않는 이상한 일이 벌어진다. 수학 과목도 어휘력이 부족하면 문장형 문제를 이해하지 못해 식을 세우기 힘들다. 즉, 어휘력은 성적과 비례한다.

어휘력은 읽기뿐만 아니라 말하기 쓰기에도 영향을 미친다. 쓰기나 말하기는 어휘를 마음대로 부려 생각을 표현하는 일이다. 하고자 하는 말이나 글에 꼭 맞는 어휘를 고를 수 있어야 글도 말도 술술 잘 풀린다. 따라서 어휘력이 부족하면 유창하게 말할 수도 없고 글을 써도 내용이 빈약하게 된다.

책을 읽을 때도 마찬가지다. 내 어휘력보다 높은 수준의 책을 읽게 되면 모르는 단어가 많이 나와 집중하기 힘들다. 소설은 이야기의 흐름을 따라가면 되지만 교과서 등 비문학은 모르는 어휘가 많으면 읽는 것 자체가 힘들어진다.

어휘력은 학창 시절뿐만 아니라 성인이 되면 그 중요성은 더욱 커진다. 직장에서는 모든 일이 문서로 이루어진다. 어휘력이 떨어지면 업무를 제대로 처리할 수 없다. 결국 어휘력이 좋아야 인정도 받고 승진도 한다. 사회에서 어휘력은 경쟁력이다.

어휘력에 따라 보이는 세계가 다르다

어휘를 많이 그리고 깊이 안다는 것은 세계를 인식하는 틀이 그만큼 넓고 깊다는 것이다. 어떤 단어를 안다는 것은 그 단어가 속한 세계를 안다는 것이다. 따라서 어휘량은 사고와 표현에 영향을 미친다.

구십을 바라보는 이모는 가수 조용필의 열혈팬이다. 어려운 살림에도 조용필 콘서트는 꼭 챙기시곤 했다. 이런 이모를 위해 자식들은 음원을 구입해 선물하곤 했다. 어느 날이었다. 조용필 신곡을 듣던 이모는 고개를 갸우뚱하시며 "노래는 좋은데 왜 노래에서 빤스가 나오냐?"며 혀를 끌끌 찼다. 옆에서 있던 나는 이모의 말을 이해할 수 없었다. '빤스라니…' 내가 들은 노래 어디에도 그런 구절이 없었다. '빤스'라는 단어를 찾기 위해 노랫말을 유심히 살펴보다가 한 단어에 시선이 꽂혔다. 이모가 듣고 있던 노래는 조용필의 〈Bounce〉였다. 이모는 'bounce'라는 단어를 몰랐다. 그러니 "bounce, bounce"가 '빤스 빤스'로 들렸던 것이다.

아는 만큼 보인다고 어휘의 한계는 내가 아는 세계의 한계이다. 이모는 영어를 배운 적이 없다. 그래서 'bounce'라는 단어를 당신이 아는 어휘 속에서 이해하려고 했고, 결국 '빤스'를 생각해 냈다. 참 웃픈 얘기다.

아이들도 마찬가지다. 아는 만큼 보이고, 아는 만큼 들린다. 이는 마치 자막 없는 외국 드라마를 볼 때, 다른 단어는 다 안 들려도 내가 아는 단어만 또렷하게 들리는 것과 같다. 알지 못하면 들리지 않는다. 들어도 곧 잊어버리거나 엉뚱한 소리로 들어 오해를 낳는다. 어휘력이 부족하면 수업 시간에 중요한 정보를 놓칠 수 있다. 물어보면

성적으로 연결되는 초등 비문학 독서법

'배운 적이 없다.'고 한다. 모르니까 들어도 금방 잊어버리고 딴소리를 한다.

사람은 자신이 경험하고 안 것만 표현할 수 있다. 즉, 어휘로 표현할 수 있는 것까지가 아는 것이며, 모르면 표현하지 못한다. 따라서 어휘력이 부족하면 사고력이 빈곤해질 수밖에 없다. 어휘는 결국 지식과 연결되는 것이고, 다양한 어휘를 알지 못하면 지식의 폭도, 사고의 크기도 커지기 힘들다.

설명할 수 있어야 제대로 아는 것이다

대충 알거나 들은 적은 있으나 정확한 뜻을 모르면 아는 어휘가 아니다. 얼마 전 중학생들과 《징비록》을 읽고 토론하던 중이었다. 임진왜란 초기 조선군이 일본군한테 번번이 지는 대목이 나오자 갑자기 한 아이가 밑도 끝도 없이 불쑥 물었다.

"선생님, 그거 있잖아요, 그거요! 왜 처음부터 그거를 사용하지 않았어요?"

갑작스러운 질문이라 나 역시 감이 안 와 "그게 뭔데? 자세히 얘기해봐?"라고 되물었다. 아이는 답답하다는 듯이 난감해하며 조금 자세히 설명했다.

"임진왜란 때 화살로 막 쏘았잖아요. 수레에다 싣고, 수백 발씩 쏘아서 일본군이 벌벌 떨었잖아요. 영화에서도 나왔어요."

그러자 아이들은 모두 자신이 아는 범위에서 답을 말하기 시작했다. 갑자기 토론 시간은 열두 고개 놀이터가 되었다. 대화가 오가던 중 누군가 이렇게 말했다. "아~ 다연발 로켓 화살, 신기전 아니야? 한 번에 화살 200개를 장전해서 발사할 수 있는 무기!"

그 말에 듣자 아이는 반색했다.

"맞아, 맞아, 신기전이에요."

토론을 하다 '신기전'이라는 무기가 떠올라 얘기하고 싶었는데 떠올리지 못한 것이다. 만약 신기전을 제대로 알았다면 이렇게 말했을 것이다.

"임진왜란 때 다연발 로켓 화살인 신기전이라는 무기가 있었는데, 화약이 폭발하는 힘으로 발사해요. 중요한 건 한 발씩 쏘는 게 아니라, 화차라는 발사대에 100~200발까지 장전한 뒤 한 번에 발사한대요. 힘도 대단해서 쇠로 만든 철판을 뚫을 정도였고, 신기전을 쏘면 일본군도 벌벌 떨었다고 해요. 행주대첩에서 열 배가 넘는 일본군을 물리친 것도 신기전 덕분이래요."

그럼 아이는 '신기전'이라는 단어만 몰랐을까? 아니다. 신기전과 관련된 '다연발 로켓 화살', '폭발', '발사', '장전하다', '화차', '행주대첩' 모두를 떠올리지 못했다. 대충 알고 있었기 때문이다.

앞에서 어휘력이란 어휘를 마음대로 부리어 쓰는 능력이라고 했다. 제대로 알지 못하면 막상 쓰려고 할 때 혀끝에서 맴돌다 끝내 생각나지 않는다. 아이들은 그 틈을 '그거, 저, 저기' 등의 지시 대명사로 메우려 한다. 그래서 어휘력이 부족하면 말속에 지시 대명사가 많아진다.

정확히 설명할 수 있고, 부릴 수 있어야 '아는 것'이다. 제대로 안다면 누군가에게 설명할 수 있어야 한다. 더 큰 문제는 대충 알면서 '안다고' 착각한다. 그렇게 되면 배우거나 바로 잡을 기회가 사라진다. 어휘력은 선천적으로 타고나는 것이 아니다. 주의를 기울이고, 연습해야 길러지는 능력이다. 그러기 위해서는 모르는 어휘가 나왔을 때 정확한 뜻과 쓰임을 확인하는 습관을 들여야 한다.

초등학생 시절 담임 선생님께서는 반 아이들에게 날마다 세 개의 단어를 숙제로 내주고 단어의 뜻, 예문, 비슷한 말과 반대말을 3년(당시에는 4학년 때 담임 선생님이 계속 6학년까지 가르쳤다) 내내 정리하게 했다. 전과도 귀하던 시절이라 일일이 사전을 찾으면서 숙제를 했다. 당시에는 귀찮고 힘들었다. 숙제가 없는 다른 반을 부러워하기도 했다. 하지만 사회생활을 하면서 그 시간들이 얼마나 소중한지 깨닫게 되었다.

이런 경험이 바탕이 되어 아이들이 어릴 때 모르는 어휘를 물어오면 대답해주고, 확인하는 차원에서 예를 들어보도록 했다. 어려워하면 먼저 예를 들어주었다. 비슷한 말이나 반대말도 함께 가르쳤다. 어려운 어휘라도 유의어나 반의어를 함께 가르쳐주면 대개는 이해했다. 궁금해서 물어보았기 때문에 기억에도 오래 남는다.

책을 읽어주다가도 낯선 어휘가 나오면 꼭 확인하곤 했다. 아이 수준에서 어렵다 싶으면 답을 가르쳐주었지만, 앞뒤 문맥을 통해 뜻을 짐작하는 활동을 더 많이 했다. 아이가 새로운 어휘나 조금 어려운 어휘를 섞어서 말할 때면 오버액션 해가며 "어머, 대단하네. 그런 말도 알고 있었어? 엄마한테 한번 설명해줄래?"라고 부추겼다. 그러면 아이는 으쓱해서 자신이 알고 있는 뜻을 말했다. 제대로 알고 있으면 엄지척을, 잘못 알고 있으면 바로 잡아 설명해주고, 제대로 이해했는지 확인했다. 중학년부터는 어려운 어휘는 사전을 찾아 확인하도록 했다. 이렇게 적극적으로 관심과 반응을 보이니 또래보다 어휘력이 월등했다.

어휘력이라는 것은 콩나물시루에 물을 주는 것과 같다. 아무리 물을 주어도 콩나물시루는 밑이 뚫려 있어 물 한 방울도 고이지 않는다. 그런데 어느새 콩나물은 자라있다. 어휘력도 마찬가지다. 한두 달 바싹한다고 좋아지지 않는다. 매일매일 보고 듣고 말하고 쓰는 다양한 상황 속에서 적극적인 관심과 반응을 보여주어야 확장된다. 특히 어릴 때는 부모의 관심과 지지 속에서 자연스럽게 어휘를 익히는 것이 가장 효과적이다.

성적으로 연결되는 초등 비문학 독서법

초등 독서, '이야기책'과 '지식 정보책'의 균형이 필요하다

저학년 독서, 이야기책으로 시작하라

"모든 것은 때가 있다. 할 때 되면 다 한다. 그러니 너무 재촉하지 마라."

어릴 때 저희 아이들을 키워주신 할머니께서 자주 하시던 말씀이다. 그때는 그 말을 흘러들었다. 하지만 나이를 먹으면서 '때가 있다'는 말이 이해되기 시작했다. 생각해보면 아이들이 자라는 동안 내가 욕심을 부려 제대로 된 일은 하나도 없었다.

책 읽기도 마찬가지다. 초등학교 저학년은 독서 초보 단계로 기초 독서력을 쌓는 시기다. 이제 막 걸음마를 시작한 단계다. 일부 학부모들은 읽기 독립을 하고 어느 정도 책을 읽게 되면 독서를 학습과 연결시키려 한다. 이는 걸음마를 시작한 아이에게 뛰라고 하는 것과 마찬가지다. 초등학교 1학년 아이가 3학년 수준의 책을 읽는다고 수준이 높아지지 않는다. 수준에 맞지 않는 책은 흥미도 떨어지고, 기대하는 효과도 거둘 수 없다. 부모가 할 일은 재촉하지 않고 여유를 가지고 기다려주는 것이다.

오랫동안 독서지도를 해온 입장에서 수없이 많이 듣는 질문이 있다.

"독서를 왜 해야 하나요?"

여기에는 여러 가지 대답이 있을 수 있다. 생각하는 힘을 길러준다, 간접체험을 할 수 있다, 삶을 바라보는 통찰력이 생긴다, 배경지식이 쌓여 누구와도 부담 없이 대화할 수 있다, 재미있다, 공감능력이 좋아진다, 자존감이 높아진다 등등. 이외에도 독서를 해서 얻는 것은 많다. 그런데 아무리 책을 많이 읽는 사람이라도 처음부터 위에 열거한 목적을 달성하겠다고 책을 읽지 않았다. 처음에는 그냥 '재미있어서' 읽는다. 재미있으니 계속 읽게 되고, 읽다 보니 배경지식이 쌓이고, 통찰력이 생긴다. 읽기를 좋아하는 사람은 어른, 아이 가릴 것 없이, 유익해서가 아니라 기본적으로 즐겁기 때문에 읽는다.

아이들도 마찬가지다. 책이 재미있어야 읽을 맛이 난다. 그럼 어떤 책을 읽을 때 재미를 느낄까? 바로 이야기책이다. 사건과 갈등이 뚜렷한 이야기책은 '책은 지루하고, 골치 아프고, 따분하다.'는 생각을 무너뜨린다. 이는 독서를 계속하게 만드는 동기가 된다. 재미있어야 관심을 갖고, 재미있어야 읽게 된다. 독서지도의 출발점은 독서를 '즐거운 놀이'로 생각하게 하는 것이다. 그러기 위해서는 책과 친해져야 하고, 그러려면 아이의 수준에 맞는 재미있는 이야기여야 한다.

실제로 집중할 수 있는 시간이 짧은 유치원생들도 이야기를 들려주면 놀라운 집중력을 발휘한다. 연구에 따르면 5~6세의 어린이들을 두 그룹으로 나누어 A그룹에게는 사건과 갈등이 뚜렷한 이야기를, B그룹에게는 사건과 갈등 없이 시간의 흐름만 있는 이야기를 들려주었다. 그랬더니 시간이 지날수록 사건과 갈등이 뚜렷한 이야기를 듣는 A그룹은 집중해서 이야기를 재미있게 듣는 반면, B그룹은 집중하지 못하고 지루해했다. 기억력도 A그룹이 훨씬 뛰어났다. 이야기의 힘이다.

《공부머리 독서법》(책구루)의 저자 최승필은 재미있는 이야기책이야말로 공부의 바탕이 되는 '언어능력'을 끌어올릴 수 있는 최적의 도구라고 말한다. 여기서 '언어능력'은 글을 읽고 이해하는 읽기능력과 이치에 맞게 생각할 수 있는 사고력을 말한다. 언어능력을 기르기 위해서는 부모의 욕심을 내려놓고 재미있는 이야기책을 맘껏 읽게 해주어야 한다. '글을 읽고 이해하는 경험'이 쌓일수록 아이의 언어능력은 쑥쑥 자라난다.

영유아 때 그림책을 읽던 아이들은 학령기 단계가 되면 슬슬 이야기책으로 넘어가게 된다. 그런데 가끔 이런 변화에 잘 적응하지 못하는 아이들이 있다. 무엇이 문제일까?

그림책은 그림 중심이지만 이야기책은 글자 중심이다. 초등학교 입학 즈음이 되면 대부분의 아이들이 더듬거리면서 글자를 읽을 수 있게 된다. 책을 잘 읽는 아이들은 머릿속 지식의 바탕 위에 상상력을 발휘하여 내용을 이해하면서, 앞으로 어떤 일이 일어날 것인지를 예측하며 이야기의 전개를 따라간다.

그런데 영상에 익숙한 아이들은 스스로 상상하면서 이미지를 만들어내는 것을 어려워한다. 이는 마치 영화관에 가서 표를 끊고 자리에 앉았는데, 불이 꺼져도 화면에 아무것도 나오지 않는 것과 같다. 이미지를 떠올리지 못하니 이야기책이 어렵고 따분하다. 어릴 때 그림책을 곧잘 읽다가도 그림이 적고 글밥이 많은 책을 멀리하는 경우, 이미지 떠올리기에 실패했을 확률이 높다. 그러면 글을 읽어도 의미를 이해하지 못한다.

이야기책 읽기의 즐거움을 알게 되면

어릴 때 《빨강머리 앤》을 즐겨 읽었다. 소심하고 병약한 나와는 달리 밝고 건강하고 낙천적인 앤은 나의 우상이었다. 책을 읽으며 앤의 모습에 나 자신을 투영하기도 하고, 나도 붉은 머리칼을 가졌으면 어땠을까 그려보기도 했다. 푸른 지붕이 있는 프린스 에드워드 섬을 앤과 함께 뛰노는 상상도 했다. 앤이 교사 시험에 1등으로 합격했다

성적으로 연결되는 초등 비문학 독서법

는 장면을 읽을 때는 눈물까지 흘렸다.

그래서인지 어른이 된 지금도 책의 사소한 부분까지 자세히 기억하고 있다. 마치 그곳에서 앤과 함께 살았던 것처럼. 어떻게 그럴 수 있을까? 그것은 책의 내용을 3차원 이미지로 형상화했기 때문이다. 영화처럼 앤의 이야기가 끝없이 머릿속에서 상영되는 것이다.

이야기책에 재미를 느끼지 못하는 아이들에게 가장 좋은 처방은 부모가 책을 읽어주면서 '이미지를 어떻게 떠올리는지 가르쳐주는 것'이다. 《그림책에서 이야기책까지》(현문 미디어)의 저자 와키 아키코는 "우리가 책을 끝까지 읽을 수 있는 이유는 읽으면서 상상력이 발휘되어 등장인물과 그 세계가 좋아지고, 끝이 어떻게 될지 궁금하고, 또 그 사람들과 그 세계를 알고 싶기 때문"이라고 말한다. 여기서 말하는 '상상력'은 이미지를 떠올릴 수 있는 힘이다. 이미지는 머릿속에서 상영되는 일종의 영화와 같다. 책을 읽으며 이미지를 계속 떠올릴 수 있다면 아이는 책 읽기에 재미를 느낄 수 있다.

그런데 이제 막 이야기책을 읽기 시작한 아이들의 경우 그림책의 그림을 보는 게 익숙하다 보니 이미지를 떠올리기 쉽지 않다. 글자만 잔뜩 있는 이야기책은 따분하고 재미없다고 생각한다. 이럴 때 부모가 할 일은 표지와 제목을 보면서 혹은 내용을 읽으면서 무엇을 떠올렸는지 자세히 이야기해주는 것이다. 책을 읽으면서 떠올린 이미지를 자세히 이야기해주면 아이는 어떻게 이미지를 떠올려야 하는지 알게 된다. 이미지를 떠올릴 수 있다면 아이는 이야기책의 재미에 빠질 수 있다. 더불어 길고 복잡한 내용을 스토리텔링으로 설명해주는 등 이야기책의 안내자가 되어주면 아이는 이야기에 흠뻑 젖어들 것이다.

이야기책 다음 타자, 지식 정보책

이야기책으로 읽기 능력의 기초가 어느 정도 다져지고, 독서 습관이 몸에 밴 상태라면 이때부터 독서 스타일에 변화를 줄 필요가 있다. 좀 더 다양한 분야로 시야를 넓혀갈 필요가 있다. 시기적으로도 초2~3학년 때에는 세상에 대한 다양한 관심을 보일 때이기도 하다. 이때 지적 호기심을 충족시켜 줄 수 있는 다양한 읽을거리, 즉 지식 정보책을 제공해주면 아이는 유능한 독서가로 자랄 수 있다.

지식 정보책은 말 그대로 지식을 다루는 책이다. 스토리텔링으로 되어 있다고는 하지만, 낯선 개념어가 등장하고, 문장도 설명문으로 되어 있다. 그래서 읽으라고 하면 힘들어한다.

이런 읽기 장벽이 존재함에도 지식 정보책을 읽혀야 하는 이유는, 아이가 더 폭넓고 깊은 지식의 세계를 배워야 하기 때문이다. 학교 교과 역시 그 방향으로 나아간다. 달에 토끼가 살고 있다는 이야기를 읽던 아이들은 어느 순간 달과 지구가 어떻게 다른지 과학적으로 배우게 된다. 달의 모양이 바뀌는 것은 지구의 자전 때문이라는 것도 알게 된다. 어릴 때 천사나 요정의 존재를 믿었다가 커가면서 그게 불가능하다는 사실을 알게 되는 것처럼, 아이들은 그간 보아왔던 세상을 또 다른 방식으로 배우게 된다. 당연히 배워야 할 지식의 세계이고, 사고의 확장이다.

아이들이 학교라는 배움의 현장에서 더 넓은 지식을 맞닥뜨릴 때, 사전에 대비를 한다면 그 낯설음과 어려움을 줄일 수 있다. 지식 정보책은 갑자기 접하게 되는 어려운 개념이나 지식을 쉽게 풀어 아이들의 당혹스러움을 줄여줄 수 있다. 학교에서 배우는 것보다 훨씬 더 즐거운 방식으로 말이다. 교육 전문가들은 적어도 초등 3학년부터는 지식 정보책을 읽기 시작할 것을 권한다. 물론 아이가 원한다면 그 전에 읽어도 좋겠지만, 원하지 않는다고 해도 최소한 초등 3학년부터는 읽도록 해야 한다는 것이다.

부모가 할 일은 관심조차 없던 주제에 관심을 갖게 하고, 낯선 분야도 알게 되면 이외로 읽을 만하다는 것을 경험하게 해주는 것이다. 물론 한 권의 지식 정보책을 읽는다고 그 분야에 대해 다 알 수 없다. 대신 아이가 알지 못했던 세계를 엿보며 "야~ 신기하다.", "이런 세계도 있었네." 하고 느끼면 일단은 성공이다. 그러기 위해선 부모의 욕심을 내려놓고 내 아이가 부담없이 즐겁게 읽을 수 있는 책부터 시작해야 한다. 쉬운 책이어야 실패하지 않고 끝까지 읽을 수 있다. 끝까지 읽어냈을 때 아이는 새로운 지식 세계에 대한 자신감과 성취감을 느낄 수 있다.

저학년이라면 유아들이 보는 지식 그림책부터 시작하는 것이 좋다. 유아용 지식 그림책은 짧고 쉬운 단어로 돼 있어서 개념을 쉽게 이해할 수 있다. 주제도 주변에서 흔히 볼 수 있는 사물이나 현상을 다루었다면 부담이 덜하다. 더불어 책을 권해 줄 때는 여러 개의 주제를 다룬 것보다 한 가지 주제를 집중적으로 다룬 것이 좋다.

예를 들어 《방귀 뀌어도 돼?》(그레이트북스)는 우리 몸에서 나오는 가스, 방귀와 트림을 다룬 책이다. 매일매일 모든 사람들이 방귀를 뀌고 있지만 때와 장소를 가리지 않으면 아주 곤란한 일이 생긴다. 이 책의 장점은 방귀라는 말만 나와도 까르르 웃음을 터뜨리는 아이들의 호기심을 과학적 탐구로 연결시킨 점이다.

일상에서 쉽게 볼 수 있는 동식물을 소개하는 책도 저학년 아이들이 좋아하는 주제 중 하나다. 만약 아이가 미술이나 음악을 배우고 있다면 그와 관련된 책을 주는 것도 방법이다. 많은 글이 담겨 있는 것보다 그림이나 사진 등 다양한 시각 자료를 활용한 책을 골라야 재밌고, 부담없이 읽을 수 있다.

어느 정도 읽기 능력이 되고 중학년 이상이라면 지식전집을 권해 주는 것도 괜찮다. 도서관 어린이실은 지식전집을 꽤 많이 구비해놓고 있다. 전집은 교과 연계를 목표로 하기 때문에 초등 교과에 필요한 대부분의 지식을 담고 있다. 내용도 충실하고 쉽고 재미있다. 전집은 각 권 분량이 길지 않아 30분이면 한 권을 충분히 읽을 수 있다. 주의해야 할 것은 같은 전집이라도 내용에 따라 난이도가 다르다는 점이다. 아이의 읽기 능력에 따라 책을 선택하는 지혜가 필요하다.

지식 정보책과 교과를 연계하면 효과 만점

지식 정보책은 아이들의 흥미와 관심에 맞추어 한 권 한 권 읽어 나가는 게 중요하다. 부모의 욕심보다는 아이의 취향에 맞게 접근해야 한다. 아이는 자신의 호기심을 충족시켜주는 책에 흥미를 가질 것이고 이것이 학교 교과서와 연계된다면 흥미는 배가될 수 있다.

한 아이 사례를 얘기해보겠다. 초등 3학년 예진이는 과학 분야의 책 읽기는 열심히 하였지만, 사회 분야는 도통 흥미가 없었다. 걱정이 되었던 어머니는 사회 교과서의 진도를 확인한 후, 다음 배울 '세시풍속'에 관한 지식 정보책을 잘 보이게 책상 위에 펼쳐두었다. 며칠 후 학교에 다녀온 아이가 신이 나서 말했다.

"엄마가 놓아둔 그 책 생각보다 재미있던데요. 덕분에 수업 시간에 칭찬까지 받았어요."

예진이는 그때부터 사회 분야에 대해서도 관심을 보이기 시작했다. 자신이 읽은 책 내용을 교과서에서 발견하고 수업 시간에 발표해서 칭찬까지 들으니 자신감이 생기고 그 과목을 좋아하게 된 것이다.

교과서의 경우 간략한 개념설명만 있을 뿐 자세한 내용이 생략되어 있는 경우가 많은데, 그럴 때 해당 주제의 지식 정보책을 읽으면 개념은 물론 좀 더 깊이 있는 배경지식까지 얻을 수 있다.

아이의 폭넓은 독서를 권장할 수 있는 방법 중 하나로 '독서 나무'가 있다. 아이 방에 나무 모양의 큰 도화지를 두 장 붙이고 한 장에는 '이야기책 나무', 다른 한 장에는 '지식 정보책 나무'라고 쓰고, 나뭇잎 모양 스티커를 준비한다. 아이가 책을 읽으면 스티커에 책 제목을 적어서 해당 분야에 붙이게 한다. 일정 기간이 지나면 아이가 읽은 분야가 자연스럽게 드러나게 된다. 이는 아이의 독서 욕구를 자극해서 평소 읽지 않는 분야의 책을 읽게 해준다. 적절한 보상을 해주면 동기유발에도 좋다.

가장 좋은 방법은 아이가 지식 정보책에 대해 호기심이나 궁금증을 갖게 하는 것이다. 쉽게 접할 수 있는 나무와 풀, 곤충을 관찰하고 "가을이 되면 나무는 왜 나뭇잎을 떨어뜨릴까?", "거미의 거미줄은 왜 잘 끊어지지 않을까?" 같은 질문을 던지면서 호기심을 자극할 때 책을 찾아볼 확률은 높아진다. 고학년이라도 지식 정보책을 읽은 경험이 없다면 유아들이 보는 지식 그림책부터 시작해도 좋다. 어렵지 않아야 성취감을 맛볼 수 있다.

chapter 2

어휘력/문해력을
키우는
초등 비문학 독서법

비문학 독서,
교과서로 시작하자

교과서 위주로 공부했어요

요즘은 시험공부를 할 때 교과서는 거의 안 보고, 자습서나 문제집을 먼저 푸는 아이들이 많다. 초등학교도 그렇지만 중·고등학교에 올라가면 더 심해진다. 교과서를 먼저 보라고 하면, 중요한 건 다 자습서에 나와 있고 교과서에서는 시험문제가 나오지 않는다고 말한다. 몇몇 아이들은 "교과서를 보면 뭐가 중요한지 모르는데, 문제집이나 참고서에는 중요한 내용이 다 정리되어 있어 공부할 때 더 좋아요."라고 말한다.

반면 상위권 학생이나 수능 만점자들은 한결같이 "교과서 위주로 공부했어요."라고 말한다. 그런데 사람들은 이 말을 "교과서만 공부했어요."라고 듣는다. 나도 처음엔 그렇게 들었다. 듣고 싶은 말만 들었던 셈이다. 이 말은 '교과서'만 공부한 것이 아니라 교과서 위주로 공부하고, 그 외 다양한 분야의 책을 읽고 자신만의 공부법을 더해 원하는 결과를 얻었다는 의미이다.

상위권 학생들이 교과서를 중시하는 이유는 교과서야말로 성적을 높이기 위한 최고의 책이기 때문이다. 물론 교과서가 100% 완벽하다고 할 수는 없다. 하지만 전 학년에 걸쳐 배울 내용의 계열성과 발달 수준에 맞는 난이도, 그 속에 들어가는 텍스트 수준은 교과서가 단연 으뜸이다. 그런데도 학부모와 아이들은 교과서는 보지 않고 학습지와 문제집만 쳐다본다. 안타까운 일이다.

공부의 기본기를 다지는 교과서 읽기

예전에 붓글씨를 배운 적이 있다. 서예 선생님께서 한 일 자(一)가 붓글씨의 기본이라고 하면서 주야장천 한 일 자만 쓰도록 하셨다. 한 달이 넘어가자 너무 지겨워 그만둘까 생각했다. 두 달쯤 되어가자 삐뚤빼뚤하던 한 일 자가 자리를 잡기 시작했다. 그때 알았다. 붓글씨도 기본기가 탄탄해야 한다는 사실을.

공부도 마찬가지다. 교과서는 학교 공부를 시작할 때 처음 만나는 책이다. 배움을 목적으로 만들어져 기본지식에 충실하다. 학교에서는 매시간 교과서를 매개로 수업을 한다. 수업 내용도 교과서 범위를 넘지 않는다. 시험을 볼 때도 학습 목표를 염두에 두고 출제한다. 그러니 교과서를 제대로 읽고 이해하면 아무리 어려운 문제가 나와도 거침없이 돌파할 수 있다.

실력은 문제집으로 길러지지 않는다

대부분 부모님은 교과서보다 참고서나 문제집을 선호한다. 교과서만으로 무언가 부족한 것 같아서, 혹은 중요한 것을 잘 간추려놓아 보기 편하다는 이유로 참고서나 문제집을 사준다. 부모 입장에서 보면 교과서에는 없는 참고 내용도 보고, 문제 풀이까지 시킬 수 있으니 어쩌면 문제집 쪽에 마음이 가는 것은 당연하다.

사실 부모님이라고 해도 교과서의 어디가 중요한지 알 수 없다. 어쩌면 잘 정리된 참고서가 편할 수 있다. 그러나 문제집과 참고서는 아이들이 보는 것이다. 부모님들이야 세상살이에 대한 경험도 많고, 이해력도 높아 요약된 것을 보고 무슨 말인지 알 수 있다. 하지만 아이들은 그렇지 않다. 어휘력도, 배경지식도, 이해력도 어른을 따라갈 수 없다. 때문에 요약된 문제집을 보고 공부하기에는 무리가 따른다.

실제로 문제집에 요약된 내용을 보고 무슨 말인지 설명하라고 하면 다들 잘 모르겠다고 대답한다. 앞뒤 다 자르고 핵심 내용만 봐서는 제대로 이해하는 데 한계가 있기 마련이다. 그것도 직접 한 게 아니라 누군가가 한 것이다. 내용 요약의 경우 직접 해봐야 핵심이 눈에 들어온다. 그것도 단번에 되지는 않는다. 여러 번의 시행착오를 거쳐야 핵심이 눈에 들어온다.

문제 풀이의 경우도 마찬가지이다. 문제집은 배움의 정도를 확인하는 용도이기에, 배운 것이 바탕이 되어야 한다. 그런데 내용은 제대로 파악하지 않고 요약된 것을 보고 문제를 푼다면 틀린 문제를 계속 틀리는 오류를 범하게 된다. 물론 많이 풀면 '공부를 많이 했다.'라는 심리적 만족감은 느낄 수 있다. 유감스럽게도 그건 잠시다. 문제집의 권수와 성적은 비례하지 않는다.

가장 좋은 공부법은 교과서를 충분히 읽고 중요한 내용을 스스로 간추린 후, 단원 마무리에 제시되는 확인 학습 문제를 혼자 힘으로 풀어보는 것이다. 확인 학습 문제를 풀 수 있다는 것은 학습자에게 요구하는 학습 목표를 제대로 달성했다는 것을 의미한다. 기억해야 할 것은 어떤 문제도 교과서의 '학습 목표'를 벗어나지 않는다. 즉, 교과서를 충실히 공부하면 어떤 문제가 나오더라도 겁낼 것이 없다.

낮은 어휘력, 낮은 문해력

재작년 EBS에서 〈당신의 문해력〉이라는 프로그램이 방영되자 교육계와 학부모들은 큰 충격에 빠졌다. 방송에서는 우리가 일상에서 접하는 단순한 안내문을 읽고 이를 정확하게 이해하지 못하는 사람들의 실상을 보여주었다. 이들 대부분은 고등 교육을 마친 성인들이었다. 그럼에도 '복약지도서', '주택 임대차 계약서' 등에 나오는 단어의 의미를 제대로 파악하지 못했다. 학생들도 마찬가지였다. 단어를 몰라 문제 자체를 이해하지 못하는 모습은 충격과 우려를 자아냈다.

문해력은 '글을 읽고 의미를 파악해 이해하는 능력'이다. 따지고 보면 학교 공부는 문해력이 좌우한다. 문해력이 잘 갖추어진 아이들은 수업 시간에 교과서의 내용을 잘 이해하고, 선생님 말씀도 잘 알아듣는다. 그렇지 못한 아이는 수업은 물론 선생님 말씀도 잘 알아듣지 못해 엉뚱한 소리를 한다. 이런 일이 반복되면 공부에 대한 자신감을 잃어버리게 된다.

그럼 아이들의 문해력이 좋지 않은 이유는 무엇일까? 앞서 1장에서 설명한 것처럼 폭넓고 다양한 독서를 하지 않아 어휘력이 부족해졌기 때문이다. 어휘력은 단순히 보면 단어의 뜻이지만 넓게 보면 그 단어를 둘러싼 지식의 총체이다. 하나의 단어를 안다는 말은 그 단어를 둘러싼 세상을 알 수 있는 확률이 높다. 예를 들어 '임진왜란'이라는 단어를 안다면 도요토미 히데요시나 선조, 이순신, 의병, 왜군, 거북선 등이 무엇을 의미하는지 안다는 뜻이다. 문해력이 좋지 않으면 단어의 정확한 의미와 관련된 지식을 모르니까, 그 단어가 들어 있는 글을 읽었을 때 문장이나 글 전체의 의미를 파악하기 힘들다.

곧 어휘력은 문해력의 바탕이다. 글을 읽고 정확히 이해하려면 문장을 정확하게 이해해야 한다. 그러려면 문장을 구성하는 어휘의 쓰임과 의미를 정확하게 파악해야 한다. 따라서 어휘력이 좋지 않으면 문해력도 함께 나빠질 수밖에 없다.

어휘력은 성적과도 연관이 깊다. 초등 3학년부터는 국어, 수학, 사회, 과학, 영어, 음악, 미술, 체육, 도덕으로 총 9과목을 배운다. 단순히 과목만 늘어나는 것이 아니라 지식 단계도 높아진다. 어휘의 양도 늘고, 개념어도 많이 등장한다. 어휘력이 좋은 아이는 학교 수업을 따라가는 데에 어려움을 덜 느낀다. 반면 어휘력이 부족한 아이들은 교과서를 읽어도 눈에 들어오지 않는다. 본격적인 공부가 시작되는 3학년부터 성적 격차가 드러나는 이유이다.

교과서의 학습 도구어

학교 수업을 따라가기 위해서는 교과서에 등장하는 '학습 도구어'의 의미를 정확히 알고 활용할 수 있어야 한다. '학습 도구어'는 교과서를 읽고 이해하는 데 꼭 알아야 할 중요한 어휘를 말한다. 일상적으로 쓰는 말이 아니라서 낯설게 느껴지지만, 학습 도구어의 의미를 제대로 파악하느냐 못하느냐는 성적에 절대적인 영향을 미친다. 학습 도구어를 정확히 알고 있으면 수업 시간에 집중할 수 있어 수업의 질이 올라간다.

EBS의 〈당신의 문해력〉 제작진은 중학교 역사 수업을 대상으로 교과서에 나온 학습 도구어를 제대로 이해할 때와 그렇지 않을 때를 구분해서 실험해보았다. 결과는 놀라웠다. 동일한 선생님이 진행한 수업인데도 학습 도구어에 대한 이해 없이 수업을 진행할 때는 집중력도 떨어졌고, 교과에 대한 이해도도 낮았다.

반면 교과 내용을 본격적으로 공부하기 전에 아이들에게 따로 시간을 주고 모르는 단어를 찾게 하고, 수업에 들어가서도 학습 도구어를 풀어서 설명해주니 집중력도 높았고, 교사의 질문에도 막힘없이 대답했다. 즉 교과서 내용을 이해하는 데 필수적인 핵심 어휘의 이해 여부는 수업 태도는 물론 성적 향상에도 영향을 미친다.

재미 독서와 학습 독서를 병행하라

가장 가까운 곳에서 지켜보며 아이가 무엇을 좋아하고, 무엇을 잘하는지, 성격은 어떤지 가장 잘 알고 있는 사람은 엄마다. 아이의 독서나 공부 수준도 엄마가 가장 잘 안다. 어느 과목이 약한지, 혹은 강한지, 어휘력은 어떤지도 잘 알고 있다. 학년이 올라갈수록 책만 읽어서도 안 되고, 교과서만 공부해서도 안 된다. 교과서와 독서를 병행해야 원하는 결과를 얻을 수 있다. 그러기 위해서 초등학교 때까지는 엄마와 호흡을 맞춰가며 공부하는 것이 좋다. 단, 교과서 공부와 독서를 엄마표로 하기 위해서는 두 가지를 기억해야 한다.

독서는 어휘력이나 이해력에 영향을 미친다. 아이가 책을 잘 읽으면 문제가 없지만 어른들도 잘 안 읽는 책을 공부에 도움이 된다는 이유로 무작정 강요할 수는 없다. 이때는 아이의 시선에서 아이의 관심이 무엇인지 살펴보고 책을 준비하는 것이 좋다. 예를 들어 공룡에 관심이 많다면 공룡과 관련된 이야기책이나 공룡 도감 등을 권해주는 식이다. 이를 통해 '책은 재미있다'는 생각을 심어주어야 한다. 관심을 가질 수 있도록 도와주어야 한다. 재미는 독서를 꾸준히 하게 만드는 동기이다.

어느 정도 독서 습관이 잡힌 중학년부터는 독서를 통해 공부에 필요한 지식을 갖추어야 한다. 그러기 위해서는 재미로 읽는 책과 공부를 위한 책의 비율을 조정해야 한다. 하루에 3권의 책을 읽는다면 아이가 원하는 책 2권, 엄마가 읽히고 싶은 책 1권 정도의 비율이 적당하다. 이런 비율로 책을 읽게 되면 독서의 재미는 물론 공부에 필요한 지식도 얻을 수 있다. 아무리 교과서 위주로 공부한다고 해도 독서를 병행하지 않으면 한계가 있다. 우등생들은 교과서만 공부한 것이 아니라 교과서 위주로 공부하고 연계 도서도 열심히 읽었기에 원하는 결과를 얻었을 수 있었다.

소리 내어 읽기

1. 의미 단위로 끊어 읽기

초등학교에 입학한 지 한참이 지났는데도 소리 내어 읽을 때 더듬거리면서 읽는다면 어휘나 문장이 머릿속에 빨리 들어오지 않기 때문이다. 이때는 의미 단위로 글을 끊어 읽는지 확인해보아야 한다.

글을 끊어 읽는 방법은 두 가지가 있다. 하나는 문장 부호에 따라, 다른 하나는 의미 단위로 끊어 읽기다. 전자는 글을 읽다 마침표(.), 물음표(?), 느낌표(!), 쉼표(,) 등이 나오면 끊어 읽는다. 대체로 짧은 글을 읽을 때 사용한다. 후자는 문장이 긴 경우 적당한 곳에서 끊어 읽어야 하는데, 그 지점이 의미 단위이다. 의미 단위란 문장 안에서 의미를 이루고 있는 한 덩어리를 말한다. 문장 부호가 나오지 않더라도 의미 단위로 끊어 읽으면 글의 내용을 이해하기가 쉽다. 그런데 종종 끊어 읽기를 띄어쓰기와 혼동하는 경우가 있는데 이 경우 의미 파악이 제대로 되지 않는다.

> 옛날옛날 어느 동네에 어여쁜 딸을 셋이나 둔 아버지가 있었어요.(《국어 1-2 (가)》 108쪽)

위의 문장을 띄어 쓴 부분을 기준으로 끊어 읽으면 다음과 같다.

'옛날옛날 / 어느 / 동네에 / 어여쁜 / 딸을 / 셋이나 / 둔 / 아버지

가 / 있었어요. //'

이렇게 띄어쓰기 단위로 끊어 읽으면 우리 뇌는 9개의 정보를 처리하게 된다. 이를 의미 단위로 끊어 읽으면 '옛날옛날 어느 동네에 / 어여쁜 딸을 셋이나 둔 / 아버지가 있었어요. //'로 처리할 정보의 개수가 3개로 줄어든다. 의미 단위로 끊어 읽어야 할 이유다. 띄어쓰기 단위로 짧게 끊어 읽게 되면 처리할 정보가 너무 많아 쉽게 잊게 되지만, 의미 단위로 끊어 읽으면 처리할 정보의 개수가 줄어들어 읽는 속도도 빨라지고, 내용도 잘 들어오게 된다.

독서 경험, 어휘력, 배경지식, 글의 난이도에 따라 한 번에 처리할 수 있는 한 덩어리의 의미 크기는 다르다. 하지만 연습하면 최대한 많은 양을 묶어 읽을 수 있다. 부모는 아이가 소리 내어 읽을 때 의미 단위로 끊어 읽는지 주의해서 살펴야 한다.

2. 조사에 주목하라

독해력이 떨어지는 아이들의 경우 조사를 빼먹고 읽는 경우가 많다. 우리말은 '어' 다르고 '아' 다르다. 조사나 서술어를 빼먹고 읽으면 문장의 의미를 제대로 파악할 수 없다. 당연히 독해력도 떨어진다. 아이에 따라 다르지만 짧게는 2주 길게는 4주 정도만 꾸준히 연습하면 유창하게 읽을 수 있다. 독해력뿐만 아니라 소리 내어 읽으면 시각과 청각을 동시에 사용해 집중력도 높아진다. 그러면 글의 내용에 대한 이해도 덩달아 올라간다.

3. 실감 나게 읽기

소리 내어 읽을 때 낱말을 틀리지 않게 읽는 것도 중요하지만, 실감 나게 읽어야 한다. 우는 장면은 엉엉 우는 척하기도 하고, 화를 내는 장면에서는 목소리를 크게 해 호통을 치면서 읽어야 한다. 그러면 이야기의 전체 장면들이 머릿속에 그려져 내용도 잘 이해되고, 기억에도 오래 남는다. 더불어 지신의 목소리를 자신의 귀로 듣게 되어 다른 생각이 머릿속에 들어올 수 없어 집중력도 좋아진다.

저학년, 교과서로 예습, 복습하기

교과서로 공부하기 위해서는 교과서를 가지고 다녀야 한다. 교과서를 보면 아이가 학교에서 무엇을, 어떻게 공부했는지 알 수 있다. 필기 상태로 아이의 수업 집중도, 이해도를 가늠해볼 수 있다. 집중해서 수업을 잘 들었다면 필기도 제대로 되어 있을 것이다. 반면 드문드문 되어 있거나 깨끗하다면 수업 내용을 이해하지 못했거나 수업 시간에 딴짓했을 가능성이 크다. 이해가 부족하다면 차근차근 설명해주어 학습결손을 막아야 한다.

가방이 무겁다고 교과서 가지고 다니는 걸 싫어하면 여분의 교과서를 준비해 예습할 때 사용한다. 공부한 교과서는 일주일에 두 번 날을 정하여 가지고 오게 해 아이의 공부 상태를 점검한다. 교과서

성적으로 연결되는 초등 비문학 독서법

구입은 해당 교과서 뒷표지에 상세하게 안내되어 있다. 교과서는 과목마다 판매처가 다르니 참고하면 된다.

교과서 읽는 방법

읽기 독립을 한 경우라도 처음부터 교과서를 읽으라고 하면 부담스러워할 수 있다. 처음에는 아이가 어느 정도 책을 술술 읽을 수 있을 때까지 부모가 함께 읽어준다. 먼저 해야 할 일은 교과서 맨 앞에 나와 있는 목차를 보면서 한 학기 동안 무엇을 공부하는지 훑어본다. 공부 잘하는 학생들은 교과서의 목차를 훑어보면서 전체 내용을 이해한다. 공신닷컴의 강성태는 공부를 시작할 때 목차부터 읽었고, 목차를 종이에 써서 갖고 다니며 외우기까지 했다고 한다. 그것은 목차가 그 과목의 설계도에 해당하기 때문이다. 목차를 보면 무엇을 배우게 될지 한눈에 파악할 수 있다. 목차는 로드맵처럼 각 단원의 핵심을 제목으로 내세워 교과서 전체 내용을 보여준다.

목차를 확인했으면 각 단원의 제목과 학습 목표를 살펴본다. 학습 목표는 가야 할 최종 목적지다. 아이와 함께 목차와 단원명, 학습 목표를 확인하면 동기 부여도 되고, 습관으로 자리 잡아 책을 읽거나 혼자 공부할 때도 자연스럽게 목차와 학습 목표를 보게 된다. 모든 습관은 꾸준히 계속해야 몸에 붙는다.

본문을 읽어줄 때는 먼저 내용과 그림을 훑어보고 보고 아이가 호기심을 가질 만한 질문을 던진다. 예를 들어 제목과 그림을 보면서 "무슨 내용일 것 같니?" 혹은 "○○○라고 들어 봤니?" 등의 질문을 하면 집중해서 들을 수 있다. 모르는 단어가 나오면 짧고 간략하게 설명한다. 이때 알고 있는 배경지식과 연결하면 교과서를 친근하게 느낄 수 있다.

예를 들어 《가을 1-2》의 2단원 '현규의 추석'에는 '추석빔'이라는 낱말이 나온다. 이때 부모의 어린 시절 추석에 얽힌 경험담을 들려주면 아이들은 흥미로워한다. 추석빔에 얽힌 이야기라든지, 송편을 빚는 얘기라든지, 성묘 가서 벌에 쏘인 얘기나 그밖에 추석에 얽힌 이야기를 해주면 더 오래, 생생하게 기억하게 된다.

1~2학년의 교육과정은 글은 적고, 활동 중심이다. 아이와 부모가 서로 역할을 바꾸어가면서 읽으면 재미있게 교과서를 공부할 수 있다. 그림도 추가적인 정보를 제공하므로 보면서 누가 나왔는지, 무슨 일이 일어났는지, 무엇을 말하고 있는지 등을 묻고 대답하면 내용에 대한 이해를 높일 수 있다. 주의할 점은 너무 취조하듯이 꼬치꼬치 물어보기보다는 가볍게 수다를 떨 듯 중요한 내용 몇 가지만 물어본다. 잘 대답하지 못하면 간략하게 설명해주고, 수업 시간에 집중해서 들으라고 한다.

저학년 교과서 읽기는 A~Z까지 공부하는 선행학습이 아니라 무엇을 배울지 대강의 내용을 파악하는 예습 차원에서 하는 것이 좋다. 예습을 통해 단어의 개념이나 내용을 친근하게 여겨 자신감을 높이는 것이 핵심이다. 낯선 단어가 반복되면 교과의 호기심도 떨어지고, 이해의 폭도 덩달아 좁아진다. 부모가 함께 교과서를 읽으면서 모르는 단어나 내용을 설명하거나 찾아보면 언어능력은 물론 학습 의욕도 높일 수 있다.

복습을 할 때는 아이가 선생님이 되고, 부모가 학생이 되어 "엄마 때는 이런 것 안 배워서 그러는데 ○○이가 설명해줄래?"라고 부탁한다. 제대로 공부했다면 뿌듯한 마음으로 부모한테 배운 내용을 설명해줄 것이다. 배운 내용을 반복하면 기억력을 높일 수 있고, 무엇을 알고, 무엇을 모르는지 분명해진다. 하루 10분 정도의 시간을 내어 예습과 복습을 꾸준히 하면 공부에 자신감이 생긴다. 저학년 때는 공부 습관을 잡기 위해 부모가 세심하게 개입해서 이끌어주고, 중학년부터는 전체적인 방향성을 잡아줘 자기 주도적으로 공부할 수 있도록 밀어줘야 한다.

과목별 교과서 읽기

성적을 올리는 데 가장 좋은 방법은 교과서 읽기다. 기초가 튼튼해야 건물이 흔들리지 않듯이 공부의 기초는 교과서를 제대로 읽는 데서 출발한다. 학교 공부는 서로 단계를 이루어 연결되어 있다. 오늘 배운 내용을 이해하지 못하면 내일의 공부를 진행할 수 없다. 단어 뜻 하나를 이해하지 못하면 배운 내용 전체를 이해할 수 없는 경우도 생긴다. 그러므로 교과서를 제대로 읽는 것은 매우 중요하다. 교과서를 잘 읽기 위해서는 과목별로 교과서의 구성이나 활용법을 잘 파악하고 있어야 한다. 하지만 대다수의 아이들은 이 부분을 무시하고, 본문을 먼저 펼친다. 안타까운 일이다.

이는 책을 읽을 때도 마찬가지다. 본문을 시작하기 전 작가가 왜 이 책을 썼고, 어떤 식으로 구성되어 있고, 어떻게 읽으면 좋은지가 '들어가기'나 '프롤로그' 혹은 '머리말'에 적혀 있다. 이들을 읽으면 작가의 관점이나 핵심 내용이 무엇인지 쉽게 파악할 수 있다.

국어 성적과 독서량의 상관관계

국어는 독해력을 키우는 과목이다. 독해력은 단순히 글자를 해독하는 것이 아닌, 글을 읽고 그 내용을 재구성해서 의미를 파악하는 능력이다. 그래서 독해력은 모든 학습의 기본이 된다. 즉, 국어를 잘하지 못하면 사회, 과학 과목의 성적이 오를 수 없다. 배점이 높은 긴 지문의 수학 문제도 국어 실력이 받쳐줘야 제대로 풀 수 있다.

일반적으로 독서를 많이 하면 국어를 잘할 수 있다고 믿는다. 이는 절반만 맞는 말이다. 실제로 독서를 많이 하면 어휘력이나 이해력이 뛰어나고 수업의 집중도도 높다. 하지만 독서량이 중학교, 고등학교 국어 성적을 보장해주진 않는다. 독서는 농사짓기 좋은 땅을 만들어주는 거름과 같다. 같은 땅이라도 농부가 얼마나 거름을 주었느냐에 따라 옥토나 박토가 된다.

일단 독서를 많이 해서 땅이 비옥하면 공부할 조건이 잘 갖추어졌다고 볼 수 있다. 그러나 땅이 비옥하다고 해서 농사가 저절로 되지는 않는다. 적절한 때에 씨를 뿌리고, 메마르지 않게 물도 주고, 수시로 잡초도 뽑아주어야 한다. 국어 공부도 마찬가지다. 학년에 배워야 할 것을 제대로 배우고, 영역에 따라 외우고, 이해하고, 분석하는 방법을 익혀야 국어 공부를 잘 할 수 있다.

국어 교과서는 듣기·말하기·읽기·쓰기·문법·문학 이렇게 다섯 영역을 아이들의 발달 수준에 맞추어 전 학년에 걸쳐 골고루 다룬다.

영역에 따라 배우는 내용도 다르다. 듣기, 말하기, 문학을 배우기도 하고, 문법이나 쓰기를 집중적으로 다루기도 한다. 따라서 국어 공부를 잘하려면 독서와 더불어 국어 교과서를 읽고 공부해야 한다.

✎ 국어 교과서 읽는 법

국어 교과서를 효과적으로 읽고 이해하기 위해서는 구성 체계를 파악해야 한다. 국어 교과서 첫 페이지에는 '이렇게 활용해 보세요' 가 있다. 이곳에 교과서 구성 체계와 사용법이 나온다. 국어 교과서의 구성 체계와 사용법을 옮겨보면 다음과 같다.

❶ **단원을 시작하며** - 단원 학습 목표를 읽고 공부할 내용을 떠올려 봅니다.

❷ **준비** - 준비 학습에서는 단원에서 무엇을 어떻게 공부할지 준비하고 학습 계획을 세웁니다.

❸ **기본** - 기본 학습에서는 단원에서 배워야 할 내용을 익히고 연습합니다.

❹ **실천** - 실천 학습에서는 단원에서 배운 내용을 새로운 상황에 적용하고, 단원 학습 내용을 정리합니다.

❺ **학습 도우미** - 공부하면서 궁금한 것이 생기면 책 선생님, 연필 친구, 지우개 친구들의 도움을 받습니다.

안내 페이지는 앞으로 어떤 내용을, 어떤 방법으로 공부할지 친절하게 알려준다. 일종의 교과서 내비게이션과 같다. 내비게이션을 따라가면 목적지에 도달할 수 있듯이 안내 페이지를 따라가면 교과서 읽기가 쉬워진다. 오른쪽 상단의 학습 도우미인 책 선생님은 어려운 개념을 쉽게 설명하거나 정리해준다.

교과서의 구성 체계를 파악했다면 차례를 훑어본다. 차례는 글의 설계도와 같다. 설계도를 보면 어디에 무엇이 배치되어 있는지 알 수 있듯이, 차례를 보면 앞으로 어떤 내용을 공부할지, 그 내용이 어떤 순서로 돼 있는지 확인할 수 있다. 어떤 과목이든 차례는 항상 대주제, 중주제, 소주제 순으로 가지를 뻗어간다. 이것을 이미지화해서 그림처럼 머릿속에 저장하면 전체적인 구조와 흐름을 파악하는 데 도움이 된다. 교과서의 구조가 체계적으로 잘 그려지면 개념 정리에 도움이 되고, 내용도 쉽게 이해할 수 있다.

다음은 단원명과 학습 목표를 확인한다. 개중에는 단원명이나 학습 목표를 제대로 확인하지 않고 본문부터 읽는 학생들이 많다. 이는 내가 무엇을 배우고, 무엇에 집중해야 하는지 모르고 무작정 공부를 시작하는 것과 같다. 단원명을 보면 글의 종류를 짐작할 수 있어 어디에 중점을 두고 읽어야 하는지 알 수 있다.

교과서에는 단원마다 간결하고 명확하게 학습 목표가 나와 있다. 학습 목표는 가야 할 목적지다. 교과서를 읽을 때 학습 목표를 의식하며 읽어야 샛길로 빠지지 않는다. 예를 들어 《국어 2-1 (가)》 3단원의 주제는 '마음을 나누어요'이며, 학습 목표는 '마음을 나타내는 여러 가지 말을 알고 글에 나오는 인물의 마음을 말해봅시다.'이다. 그럼 엄마는 "이번 단원에서는 마음을 나타내는 여러 가지 말을 배우고, 글에 나오는 인물의 마음을 말해보는 거네. 마음을 나타내는 말에는 어떤 것이 있을까? ○○이는 체험 학습을 갈 때 무척 기쁘고 설레지? 엄마한테 혼날 때는 밉고, 속상하기도 하고. '기쁘다', '설레다', '속상하다'라는 말들이 마음을 나타내는 말이야. 또 어떤 말들이 있는지 한번 알아볼까?"라며 이야기를 나누면 된다.

본문을 읽을 때는 차시명을 확인한다. 차시명은 각각의 수업 시간에 공부할 내용이다. 읽으면서 그림, 사진, 도표 등의 시각적인 자료도 빠르게 살펴본다. 대개 저자들은 시각적 자료에 핵심 내용을 압축해놓는다. 구석구석 훑어 읽기를 하면 대강의 내용을 파악할 수 있고, 나중에 다시 읽을 때 아는 내용이므로 더 빨리 읽을 수 있다. 본문 뒤에 나오는 질문도 함께 읽어 나간다. 질문을 보면 본문에서 무엇에 집중해서 읽어야 하는지 확실히 알 수 있다. 이렇게 대강 훑어보면 사전 지식이 생겨 다시 읽기를 할 때 집중할 수 있다. 중학년 이상의 경우 음독을 거부하면 묵독과 병행해도 좋다.

✏️ 모르는 낱말에 동그라미 표시, 중요한 내용에 밑줄 긋기

두 번째 읽을 때는 중요 표시가 되어 있는 낱말의 뜻을 확인하면서 읽는다. 눈으로만 읽어서는 안 되고, 낱말은 뜻을 꼭꼭 새기면서 눌러 읽어야 한다. 눈으로만 이해하면 나중에 엉뚱한 소리를 하는 경우가 많다. 어휘력이 부족하다고 생각되면 적극적으로 낱말 공부를 해야 한다. 모르는 낱말의 경우 처음부터 사전을 찾기보다 앞뒤 문장을 읽으며 뜻을 짐작해보고, 유추한 낱말의 뜻을 넣어 의미가 자연스럽게 통하는지 읽어본다. 어색하면 사전을 찾아 정확한 뜻을 확인한다. 사전은 내가 생각한 의미가 맞는지 확인하는 용도이다. 이렇게 맥락 속에서 어휘를 익히면 섬세한 뉘앙스까지 익힐 수 있어 기억에 오래 남는다.

3학년부터는 중요한 문장이라 생각되는 내용에 밑줄을 긋게 한다. 처음에는 이것도 중요한 것 같고, 저것도 중요한 것 같아 본문 대부분을 밑줄로 채운다. 이러면 효과가 반감된다. 중요 문장에 밑줄을 칠 때는 '하나의 문단에는 하나의 생각만 담는다.'라는 규칙을 알려준다. 새로운 문단은 한 칸 들여쓰기 때문에 어렵지 않게 중심 문장을 찾아낼 수 있다. 중심 문장은 주로 앞에 오지만 간혹 뒤에 올 때도 있다. 문단이 여럿이면 숫자를 붙여 표시한다. 밑줄은 중요한 내용이 무엇인지 알려주기도 하지만, 공부했다는 만족감도 안겨준다.

국어 교과서에는 본문과 관련하여 여러 가지 질문이 나온다. 내용을 확인하는 문제도 있고, 수업 내용에서 한 걸음 나아가 배운 것을 활용해서 답해야 하는 질문도 있다. 세 번째 읽을 때는 교과서에 나오는 질문에 대한 답을 생각하면서 읽는다. 질문을 생각하며 읽으면 호기심이 생겨 답을 찾으려고 노력하기 때문에 집중력과 이해력이 좋아진다. 질문에 답을 제대로 할 수 있다면 주요 개념을 이해했다고 볼 수 있다.

✏️ 국어 문제집으로 기반 다지기

3학년쯤 되면 학교에서 어떤 형태로든 평가를 하기 마련이다. 이를 대비하기 위해서라도 국어 문제집을 조금씩 풀어 익숙해질 필요가 있다. 문제집을 풀다 보면 자신도 모르게 문제 푸는 요령을 익히게 된다. 예를 들어 지문을 먼저 읽기보다 문제를 먼저 읽어야 한다는 식으로 나름대로 노하우가 쌓인다. 문제를 풀 때면 매일 풀어야 할 분량을 정해서 시간 안에 풀고 스스로 채점하고 틀린 부분은 다시 풀어야 한다. 서술형이나 논술형 채점은 부모가 직접 해주는 것이 좋다.

시험을 볼 때 흔히 하는 실수 중 하나는 답을 쓰긴 썼는데 조건에 맞지 않는 답을 써 틀리는 경우다. 예를 들어 '정답을 20자 이상 쓰세요.'라고 나와 있으면 20자가 넘어야 정답으로 처리된다. 채점할 때 이 부분을 꼼꼼히 확인해야 한다. 조건에 맞지 않는 답을 썼을 때는 아이가 억울해해도 가차 없이 오답 처리를 해야 한다. 이렇게 해야 정신을 차리고 답을 쓸 때 주의하게 된다.

사회 교과서, 어떻게 읽을까?

사회 과목은 사회, 지역화 교과서, 사회과 부도 등 3권으로 구성되어 있다. 그중 지역화 교과서는 3~4학년인 지역화 교육 과정에서 집중적으로 배우며, 사회과 부도는 5~6학년에 사회 과목과 연계해서 다룬다. 실제로 사회를 배우는 시기는 3학년부터지만 이미 1~2학년 때 통합교과인 봄, 여름, 가을, 겨울에서 '가족과 이웃' 등의 영역에서 노래, 춤, 그림, 보고서 등으로 교과 내용을 배운다. 3학년이 되면 이러한 내용을 '사회'라는 교과로 접한다. 학생들의 인지 발달과 사회적 경험을 고려해 저학년에서 배운 가족, 이웃에 이어 3~4학년은 고장과 지역 사회를, 5~6학년은 국가, 지구촌과 같은 순서로 수준과 범위가 확대된다.

사회 교과는 지리, 역사, 일반 사회(정치, 경제, 사회, 문화 현상) 등 다양한 내용을 포함하고 있다. 영역별로는 지역의 자연·인문 환경과 이에 따른 생활 모습을 다루는 지리 영역, 우리나라 발전 과정을 살피는 역사 영역과 정치, 경제, 사회, 문화 현상 등을 다루는 사회 영역으로 나누어진다. 공부하는 방법도 영역에 따라 달리해야 한다. 지리 영역을 공부할 때는 내용뿐만 아니라 관련 지도나 사진, 그림 등 시각적인 자료 등을 눈여겨보아야 한다. 역사는 사건의 원인과 결과를 연결해서 흐름을 이해하는 것이 중요하다. 마지막으로 정치, 경제, 사회, 문화 현상 등 사회생활에 대한 기본 원리가 나오는 영역은 다양한 용어가 등장하므로 각각 용어에 대한 개념 이해가 필요하다.

✎ 사회 교과서 읽는 법

사회 교과서를 읽을 때도 구성과 특징을 확인한 다음, 목차와 단원명을 주의 깊게 살펴본다. 대단원명이 학습 주제라면 소단원은 해당 단원에서 꼭 배우고 익혀야 할 학습 목표다. 본문을 읽기 전에 단원명을 인지시키면 앞으로 무엇을 공부하게 될 것인지를 알 수 있다. 단원명을 확인하는 것은 현재 내가 어디에 서 있는지 아는 것과 같다. 어디에 서 있는지 알아야 정확한 목적지를 찾아간다. 그러므로 본문을 읽기 전에 반드시 단원명을 확인하는 습관을 들이도록 한다. 이는 여행을 할 때 지도를 보면서 목적지를 확인하는 것과 같다.

이외에도 사회는 다른 과목들과 달리 내용 이해를 돕기 위해 관련된 사진이나 그림, 도표, 지도와 같은 시각적 자료가 많이 들어 있다. 관련 자료는 본문의 이해를 도울 뿐 아니라 정보를 한눈에 파악할 수 있게 해준다. 사회를 잘하려면 자료와 핵심 내용을 잘 연결할 수 있어야 한다. 시각적 자료를 해석하는 능력은 사회 성적과 직결된다.

1. 개념어 익히기

사회가 어려운 건 개념어가 많이 나오기 때문이다. 개념어의 경우, 대부분이 한자어인 까닭에 의미가 확 다가오지 않는다. 어려서 한자를 공부해왔다면 문제가 없지만, 고학년의 경우 한자 공부를 시작하기에는 시간도 마음의 여유도 없다. 무작정 외우자니 돌아서면 곧 잊어버린다. 이때는 인터넷 국어사전을 검색하여 개념의 뜻과 함께 표시된 한자를 확인하면 의미 파악이 쉽다.

예를 들어 '고령화'라는 단어를 인터넷 초등 사회 개념 사전을 검색하면 '한 사회에서 65세 이상 노인 인구의 비율이 증가하는 현상'이라고 나온다. 여전히 어렵다. 이때는 한자를 한 자 한 자 클릭해 의미를 파악하면 이해하기가 좀 더 쉽다. 고령화(高齡化)는 고(高) 높을 고, 령(齡) 나이 령, 화(化) 될 화로 이루어졌다. 한자의 뜻을 정리하면 고령화란 '나이가 높아지게 된다.' 즉, '한 사회가 나이 많은 사람이 많아진다.'는 뜻이다. 이렇게 용어를 한자로 풀면 무작정 외우는 것보다 기억에 오래 남는다. 어려운 개념의 경우 암기보다 이해가 우선이다. 이를 위해선 뜻과 한자를 함께 보는 습관을 들이면 좋다.

교과서에 풀이된 핵심 단어도 어려울 때가 있다. 그럴 때는 부모가 설명해주거나 인터넷 검색을 통해 한자의 의미를 파악하면 기억하기 쉽다. 이외에도 아이가 표시한 모르는 단어도 허투루 여기지 말고 따로 익혀야 한다. 확실한 방법은 단원별로 정리한 단어를 수시로 들여다보아 익숙해지는 것이다. 습관이 되면 부모가 하라고 하지 않아도 의미를 찾아 정리하게 된다. 부모가 할 일은 공부를 시키는 것이 아니라, 방법을 알려주어 스스로 공부하게 하는 것이다.

2. 지도, 넌 도대체 뭐니?

사회 교과서에는 지도가 많이 나온다. 사회 공부를 잘하려면 지도를 보고 그 지도가 무엇을 의미하는지 알아차릴 수 있어야 한다. 그런데 학생들은 이를 제대로 읽지 않고 지나가는 경우가 많다. 지도와 본문을 연계해서 읽어야 하는데, 어렵다는 선입견 때문에 읽기를 주저한다.

지도는 땅 위의 자연환경과 사람들의 살아가는 모습을 여러 가지 기호와 색, 선 등으로 나타낸 그림이다. 지도에서 정보를 얻으려면 우선 '지도 읽는 법'을 공부해야 한다. 위치와 방향을 알아야 하고, 기호, 축적, 등고선 등 범례가 무엇을 의미하는지 배워야 한다.

위치를 알기 위해서는 우선 '위도와 경도'에 대해 이해해야 한다. 위도는 적도를 기준으로 북쪽은 북위, 남쪽은 남위라고 한다. 경도는 본초 자오선을 기준으로 동쪽은 동경, 서쪽은 서경이라고 한다. 위도는 지역의 기후를 결정하는 중요한 요소이다. 우리나라는 중위도에 위치해 기후가 대체로 온화하고, 사계절이 뚜렷하게 나타난다. 기후는 생활, 문화, 산업 등에 지대한 영향을 끼친다. 지도를 통해 지역의 정보를 읽어내기 위해서는 반드시 그 지역이 어떤 위치에 있는가를 확인해야 한다. 세계지도를 활용하면 세계 여러 나라의 위치를 한눈에 살펴볼 수 있으므로 아이 눈높이에 세계지도를 걸어놓고 수시로 보게 하면 익숙해질 수 있다.

지도에서 높낮이는 색깔로 나타낸다. 초록색은 들판, 갈색은 산

악 지대, 파란색은 바다나 호수 등을 표시한다. 갈색은 진할수록 높고, 파란색은 진할수록 깊다. 우리나라의 경우 서해안과 남해안은 옅은 파란색이 많은 반면, 동해안은 수심이 깊어 진한 파란색이 대부분이다. 육지의 경우 서쪽은 초록색이, 동쪽은 갈색이 많다. 특히 진한 갈색은 높은 산을 나타내므로 동쪽은 높은 산이 많고, 서쪽은 평야가 넓게 분포되어 있음을 알 수 있다. 지도 보는 법을 알면 색깔만 봐도 "아, 이 지역은 산이 높고 깊구나. 이 지역은 초록색이 많으니 평야가 발달해 사람들이 많이 살겠구나."를 한눈에 파악할 수 있다. 재미있는 것은 지도를 보면서 이해한 내용은 이미지와 정보가 함께 저장되기에 기억에 오래 남는다.

지도는 주제마다 역할이 다르다. 국토를 배우는 단원에서는 우리나라의 위치나 주변 환경과의 관계를, 역사를 공부할 때는 해당 시기의 이웃 나라 간의 관계가 어떤지, 현재 지명과 과거의 지명이 어떻게 다른지 보여준다. 그러므로 지도가 나오면 '지도의 제목'을 확인하고, 왜 실려 있는지를 생각하면서 읽어야 한다. 예를 들어 지도 제목이 '진흥왕의 영토 확장'이라면 신라의 진흥왕이 어디까지 영토를 확장했는지 주의 깊게 살펴야 한다.

다음은 지도가 나타내는 지역이 어디인지를 파악해야 한다. 우리 고장인지, 우리나라인지, 세계의 여러 나라인지에 따라 읽어야 하는 정보가 달라진다. 예를 들어 '세계 여러 나라의 면적'을 나타내는 지도의 경우 우리나라와 다른 나라의 관계를 나타낸다. 세계 지도를 보면 각 나라의 면적과 모양이 서로 다르다는 사실과 우리나라 면적이 상대적으로 작은 것을 알 수 있다.

지도를 제대로 읽을 수 있다면 교과서 내용을 가린 채 지도만 보고 내용을 예상해보는 놀이를 할 수 있다. 예상한 것이 맞으면 자신감이 생겨 지도와 더 친해질 수 있다. 지도와 친해지려면 사회과 부도와도 친해져야 한다. 이를 위해 평소에 여행했던 곳을 찾아보거나 뉴스에 나오는 지명 등을 찾아보면 시험에서 지도가 나와도 당황하지 않고 읽어낼 수 있다.

3. 핵심 정보가 압축되어 있는 그림, 도표 및 그래프

사회 교과서에는 학생들의 이해를 돕기 위해 다양한 자료들이 많이 제시되어 있다. 그런데 표나 그래프를 접하면 일단 어렵거나 복잡하다고 생각해서 건너뛰려고 한다. 하지만 이런 자료들은 본문을 설명하기 위한 자료로, 중요한 정보를 집약해 한눈에 볼 수 있게 해준다.

그래프를 읽는 경우 먼저, 무엇을 나타내는 그래프인지를 파악한다. 다음은 가로축과 세로축, 단위를 읽는다. 예를 들어 《사회 4-2》 1단원에는 '귀촌 가구 수 변화'라는 막대그래프가 나온다. 가로축에는 연도가, 세로축에는 가구 수가 표시되어 있다. 그래프를 보면 해마다 귀촌하려는 사람들이 많아짐을 알 수 있다. 본문은 이런 사람들이 잘 적응하도록 지역의 공공기관이 돕는다는 내용이 나와 있다(《사회 4-2》

27쪽 그림 참고).

4. 사회 공부의 도우미들

사회는 다른 과목보다 다루는 영역이 넓어 다양한 경험과 배경지식이 필요하다. 이를 위해 해당 주제와 연관된 도서를 읽거나, 관련된 장소를 방문해 지식을 확장하면 공부의 효과는 배가 된다. 평소 뉴스와 신문을 관심 있게 보며 세상이 어떻게 돌아가는지 이야기해 보는 것이 도움이 된다. 요즘 TV에선 우크라이나와 러시아의 전쟁에 대한 뉴스가 많이 나온다. 아이와 함께 지도를 펴놓고, 러시아와 우크라이나를 찾아보고 전쟁의 원인은 무엇인지, 나토는 무엇인지를 이야기해주면 세상에 대한 시야를 넓힐 수 있다. 실생활에서 익힌 사회 지식은 교과서에서 배운 지식보다 더 힘이 세다.

초등학교 공부는 부모의 힘이 절대적으로 필요하다. 특히 저학년 때 공부 습관은 고학년 때 혼자 공부할 때 큰 힘을 발휘한다. 어릴 때부터 교과서 읽는 법을 제대로 익힌다면 고학년이 되어서도 배운 방법 그대로 교과서를 읽게 된다.

과학 교과서 읽는 법

과학은 호기심과 궁금증에서 시작되었다. 일상생활을 하면서 경험하는 일들을 그냥 지나치지 않고 "이건 뭐지?", "저건 왜 그럴까?" 질문하고, 관찰하며, 조사하고 수많은 시행착오를 거쳐 찾아낸 원리가 과학이라는 지식이다. 초등학교에서는 과학 지식을 직접적으로 가르치지 않는다. 대신 일상생활에서 경험하는 궁금한 점들을 조사와 관찰, 실험을 통해 해결할 수 있도록 한다. 과학 교과의 경우 주로 실험을 하거나, 경험과 관련된 내용을 배우므로 쉽고 재미있다고 생각한다. 그런데 시험을 보면 기대보다 점수가 덜 나오거나, 학년이 올라갈수록 과학이 어렵다고 하소연하는 아이들이 많아진다.

원인은 둘 중 하나다. 하나는 수업 시간에 집중하지 않은 경우다. 실험은 모둠을 지어서 한다. 실험실에서 아이들 모두가 선생님 말씀을 경청하면 다행이지만 현장 상황은 녹록지 않다. 집중하는 아이가 있는가 하면, 실험 기구를 가지고 장난치는 아이, 옆 친구와 잡담하느라 선생님 말씀을 흘려듣는 아이 등 제각각이다. 주의를 주어도 그때뿐이다. 밖에서 보면 실험을 하는 건지 노는 건지 구분이 안 될 정도이다. 사정이 이렇다 보니 예상한 결과가 나오지 않는 경우가 종종 있다. 실험 과정에서 무언가 잘못된 것이다. 실험을 얼렁뚱땅하다 보니 시험 결과가 좋지 않은 것은 당연한 일이다.

다른 하나는 실험이나 관찰에 푹 빠져 교과서를 제대로 읽지 않은 경우이다. 보통 실험실에서는 선생님의 안내와 교과서의 지시에 따라 실험을 하게 된다. 이변이 없는 한 대부분 예측한 결과가 나온다. 문제는 실험은 재미있게 잘했는데 개념이나 용어를 실험과 연계하지

성적으로 연결되는 초등 비문학 독서법

못한다. 교과서 읽기를 소홀히 해서다. 교과서에는 학생들이 익혀야 하는 모든 과학 개념과 원리, 용어가 체계적으로 정리되어 있다. 실험을 설계하고 결과를 도출하는 과정이 그림이나 도식과 함께 기술되어 있다. 더하여 단원 마무리에서는 실험이나 관찰 등을 통해 배운 중요한 개념을 도식화해서 정리해놓았다. 그러므로 과학 교과서 속 원리와 개념을 잘 이해하기 위해서는 교과서를 체계적으로 읽는 방법을 익혀야 한다.

🖊 과학 교과서의 구조 파악하기

초등 과학은 교과서와 실험 관찰이라는 보조 교과서의 성격을 띠는 책으로 구성되어 있다. 교과서는 발문에서부터 탐구, 실험, 관찰 등등 수업에 필요한 모든 내용을 다루고 있다. 이에 비해 실험 관찰 교과서는 실험 활동 과정과 결과를 기록하는 책이다. 그래서 실험관찰 교과서에는 아이들 스스로 채워야 할 빈칸이 많다.

과학 교과서는 단원 도입, 본문 학습, 단원 마무리로 되어 있다. 단원 도입은 그림과 함께 단원명, 사진에 대한 핵심 질문, 단원의 성취기준이 제시되어 있다. 예를 들어《과학 3-1》2단원 〈물질의 성질〉은 다음과 같이 구성되어 있다.

〈물질의 성질〉이라는 단원명은 2단원에서 배울 주제이다. 교과
서 22쪽 사진 왼쪽에 제시되어 있는 질문은 사진에 대한 핵심 질문이
다. '단원을 학습하면서 해결해봐요'는 교육과정의 성취 기준을 질문
의 형태로 제시한 것이다. 일종의 학습 목표이다. 이를 보면서 '이번
단원에서는 물질의 성질을 알아보고, 우리 생활에서 어떻게 이용되
는지, 서로 다른 물질을 섞으면 물질의 성질이 어떻게 되는지에 대해
배우겠구나.'를 짐작할 수 있다. 성취기준은 학습이 끝난 후, 단원 마

무리에서 학습을 제대로 했는지 평가하는 기준이 된다.

본문 학습은 총 3단계로 나누어진다. '재미있는 과학', '과학 탐구', '과학과 생활 & 과학 이야기' 등이 그것이다. 실제 학교 수업은 본문을 위주로 공부한다. '재미있는 과학'은 단원의 내용과 관련된 과학 놀이를 해봄으로써 단원에 대한 흥미를 돋우는 역할을 한다. 복습할 때는 건너뛰어도 좋을 부분이다. '과학 탐구'는 실제 학교에서 수업하는 내용으로 5~7개의 다양한 실험을 통해 해당 단원에서 알아야 할 것들을 하나하나 알아가게 된다. 개념과 원리를 배우므로 집중해서 공부할 부분이다. '과학과 생활'은 탐구, 관찰, 실험 내용을 바탕으로 실생활 문제를 과학적으로 탐구하는 활동으로 구성되어 있다. 이어 나오는 '과학 이야기'는 2단원과 관련하여 '야구용품 속에 숨겨진 과학'이라는 이야기로 꾸며져 있다. 즉, 일상에서 늘 대하는 야구공도 물질의 성질을 이용해서 만들어진 과학적인 물건이라는 것을 깨닫게 해놓았다. 이를 통해 과학은 먼 곳에 있는 것이 아닌, 우리 생활 곳곳에 숨어 있음을 알 수 있다.

마지막 '단원 마무리'는 도식과 사진으로 배운 내용을 정리해놓았다. '단원을 학습하면서 해결해봐요'에서 나오는 질문에 대한 답을 확인하는 형태로 되어 있다. 복습할 때는 단원 마무리를 중심으로 공부하면 핵심 내용을 깔끔하게 정리할 수 있다.

워크북인 실험 관찰 교과서는 과학 교과서와 연계하여 탐구활동과 단원 마무리로 구성되어 있다. 탐구활동은 단원별로 배운 내용을 그림과 글로 정리하게 되어 있다. '생각 그물'은 배운 내용을 정리하도록 가운데에는 단원명이, 세부 가지에는 중심 주제가 적혀 있다. 이를 참고해서 배운 내용을 스스로 정리하면 된다. 글로 설명하기 어려운 부분이나 실험 내용은 뒷부분의 붙임 딱지를 이용하거나 그림을 그려 완성해도 된다. 마지막에 나오는 확인 문제는 공부한 내용을 스스로 점검하게 되어 있다. 이와 같이 초등 과학 공부는 교과서와 실험 관찰 교과서만 착실히 공부해도 핵심 개념을 충분히 파악할 수 있다.

✎ 과학 교과서 읽는 방법

과학 교과서의 읽기 과정은 사회 교과서 읽기와 비슷하다. 먼저 차례와 단원명을 살펴 전체 흐름을 확인하고, 대강 훑어보며 모르는 단어를 찾아 표시한다. 다음은 천천히 읽어가면서 중요한 내용에 밑줄을 긋거나 핵심 키워드에 동그라미 친다. 마지막으로 새롭게 배운 내용을 포스트잇이나 실험 관찰 교과서에 나오는 생각 그물로 정리하여 자기화 과정을 거친다. 다음은 과학 교과서를 읽을 때 중점적으로 살펴야 하는 내용이다.

1. 단원별 과학 용어 익히기

사회 교과서와 마찬가지로 과학 교과서도 해당 학년에서 알아야 할 필수 과학 용어가 많다. 중요하지만 일상생활에서 자주 접하는 단어가 아니라 낯설고 생소하다. 무게를 '지구가 물체를 끌어당기는 힘'으로 정의하는 것과 같이 이미 알고 있던 단어들이 과학적으로 새롭게 정의되는 경우도 있다. 과학 용어들은 한 번 보아서는 눈에 잘 들어오지도 않고 이해하기도 쉽지 않다. 이런 점을 고려해서 교과서 집필진들은 다양한 방법으로 개념과 용어를 설명해놓았다. 그림과 사진을 이용하기도 하고, 실험을 통해 구체적으로 보여주기도 한다. 용어를 얼마나 제대로 알고 기억하느냐에 따라 교과에 대한 이해도가 달라진다.

학습 도구어는 해당 단원을 이해하는 데 꼭 필요한 용어이다. **학습 도구어**는 보통 볼드체(굵게 써진 글씨)로 표시된다. 본문을 읽다가 볼드체가 나오면 중요한 부분이구나 생각하고 문장 앞뒤를 잘 살펴서 뜻을 파악해야 한다. 학습 도구어에 대한 이해가 부족하면 단원 전체를 이해하는 데 어려움이 따른다. 확실하게 개념을 알고 넘어가야 한다.

예를 들어《과학 3-1》4단원 〈자석의 이용〉에서 학습 도구어는 '자석의 극', 'N극'과 'S극', '나침판'이다. 책을 읽다 학습 도구어를 만나면 동그라미 표시를 하고 앞뒤 문장을 살펴 용어의 의미를 생각하며 읽어야 한다. 사회 교과와는 달리 과학의 학습 도구어는 문장 속에 들어가 있어 어디까지가 개념에 대한 설명이고, 어디서부터가 다른 내용에 대한 설명인지 헷갈릴 때가 많다. 학습 도구어에 동그라미 표시를 하고, 개념을 설명하는 문장에는 밑줄을 그으면서 읽으면 눈에도 잘 들어오고 집중할 수 있다.

과학 과목은 이전 학년에서 배운 용어를 활용해 새로 배우는 개념을 설명한다. 즉, 이전에 배운 용어를 안다고 전제하고 글을 쓴다. 그래서 이전에 배운 용어를 제대로 기억하지 못하면 새로 배우는 개념을 이해하는 데에 어려움을 겪는다. 그러므로 예습을 통해 용어에 익숙해지고, 복습을 통해 새롭게 알게 된 내용을 확인하면서 공부해야 한다.

예를 들어 《과학 4-1》 3단원 〈식물의 한살이〉에서는 학습 도구어인 '한해살이 식물'과 '여러해살이 식물'에 대해 배운다. 이 용어는 《과학 4-2》 1단원 〈식물의 생활〉(15쪽)에서 한해살이 식물과 여러해살이 식물의 공통점과 차이점을 구분하는 내용에서 다시 나온다. 이전에 배웠던 용어를 알고 있다면 공통점과 차이점도 쉽게 이해할 수 있다. 과학 용어는 어려운 한자어나 생소한 개념어가 많다. 그러므로 처음 배울 때 개념을 확실히 다져두어야 한다. 또한 중요한 과학 용어는 중·고등학교에 올라가서도 계속 나오므로 포스트잇에 적어 교과서에 붙여두거나 단어장에 정리해 암기하며 익숙해질 필요가 있다.

2. 무시할 수 없는 기초 과학 용어

과학을 공부할 때 기본적인 개념이어서 자주 활용되는 용어들이 있다. 기초 과학 용어다. 볼드체로 표시될 때도 있지만 그렇지 않을 때

성적으로 연결되는 초등 비문학 독서법

도 많다. 길이, 무게, 시간, 온도, 측정, 분류, 관찰, 물체, 부피 등등의 단어들이다. 이런 단어는 원리나 개념을 설명할 때 반복적으로 나온다. 문제는 반복해서 나오다 보니 익숙하게 느껴지고, 익숙해서 안다고 생각한다. 하지만 뜻을 물어보면 대충 아는 경우가 많다.

기초 과학 용어를 잘 모르면 교과서의 글을 제대로 이해할 수 없다. 자주 나오는 용어의 경우 정확한 뜻을 알고 있어야 다음 학기, 나아가 다음 학년에서 편하게 공부할 수 있다. 예를 들어 기초 과학 용어인 '물체'라는 단어는 과학 교과서 곳곳에서 반복적으로 나타난다. 이때 '물체는 모양이 있고 공간을 차지하고 있다.'는 의미를 정확히 안다면《과학 3-2》5단원〈소리의 성질〉을 이해하는 데에 도움이 된다.

기억나지 않는다면 책을 다시 찾아보거나 검색을 통해 뜻을 확인하는 습관을 들여야 한다. 그 외에도 본문을 이해하는 데 중요한 단어인데 설명이 나오지 않는 경우, 따로 찾아 정확한 뜻을 확인하는 습관을 들여야 한다. 과학 교과에서 가장 중요한 것은 용어나 개념의 뜻을 제대로 파악하고 기억하는 것이다.

3. 비슷해서 헷갈리는 과학 용어는 한자 풀이로 해결하자

과학 교과서를 읽다 보면 한 문단에 학습 도구어가 여러 개가 나오고, 그 용어들이 비슷해서 헷갈리는 경우가 있다. 예를 들어《과학 5-1》4단원〈용해와 용액〉(77쪽) 본문에 나오는 '용해, 용액, 용질, 용매'라는 용어들이 그렇다.

이럴 경우 먼저 교과서에 나오는 풀이를 살펴본다. 교과서의 설명만으로 여전히 헷갈리면 인터넷 검색을 해서 한자의 뜻풀이를 참고한다. 대개 인터넷 사전은 한글 옆에 한자나 영어를 함께 표기한다. 한자를 클릭해서 뜻풀이를 참고하면 용해(溶解)는 '녹을 용'에 '풀해'를 써서 '녹는다'로 재해석할 수 있다. 이렇게 한자 풀이를 참고하면 과학 용어를 쉽게 기억할 수 있다. 인터넷 사전을 찾을 때는 초등학생용 과학 용어 사전을 이용하면 풀이가 쉬워서 이해하기 쉽다. 이도 어렵다면 글보다는 교과서에 나오는 사진이나 그림의 이미지로 기억하는 것도 방법이다.

4. 글을 그림이나 사진과 연결 지어 생각하기

과학 교과서에는 내용 이해를 돕기 위한 다양한 사진과 그림이 나온다. 글과 함께 제시되는 시각적 자료는 글에서 얻을 수 없는 또 다른 정보를 제공하기도 한다. 이미지는 글로는 상상하기 어려운 과학적 개념이나 실험 내용을 구체적으로 보여줌으로써 이해하는 데 도움이 된다. 실험, 관찰과 관련된 그림이나 사진은 실험의 의미와 방법을 드러내기 위해 아주 자세하게 표현되어 있다. 비교나 대조, 혹은 공통점과 차이점을 위한 실험의 경우 그림의 색이나 크기 등에 변화를 주기도 한다.

따라서 글을 읽을 때 관련 사진이나 그림이 나오면 무엇에 관한 사진인지, 어떤 내용과 관련 있는지를 생각하며 읽어야 한다. 더불어 실험 과정이나 현상이 변화하는 것을 표시하는 화살표나 도움선(구분선)의 경우 화살표의 머리 방향이 어디를 향하는지, 구분선이 어디에 위치하는지 잘 살펴야 내용 이해가 쉽다. 그 외에도 배경지식이나 내용을 떠올릴 수 있는 말풍선도 눈여겨보아야 한다.

✏️ 배운 내용을 정리하는 실험 관찰 교과서

실험 관찰 교과서는 배운 내용을 확인하고 체계적으로 정리할 수 있도록 구성되었다. 특히 단원 마무리에 나오는 '생각 그물'은 배운 내용을 붙임 딱지나 그림을 그려 정리할 수 있어 유용하다. 이와 함께 '확인 문제'는 단원에서 학습한 내용을 문제로 풀어볼 수 있어 메타 인지 학습이 가능하다.

실험 관찰 교과서는 학생 스스로 관찰이나 탐구한 내용을 정리하게 되어 있다. 검사하는 선생님도 있지만, 대부분은 자율에 맡긴다. 따라서 수업 시간에 집중하지 않으면 빈칸을 채울 수 없다. 부모님이 이를 확인하려면 과학 교과서와 실험 관찰 교과서를 함께 가지고 다니게 해야 한다. 만약 가방이 무거워 교과서를 가지고 다니기 싫어하면 과학 교과서는 여분으로 구입해서 집에서 보고, 실험 관찰 교과서만이라도 가지고 다니게 한다.

실험 관찰 교과서를 볼 때는 본문의 내용뿐만 아니라 '생각해볼까요?', '더 생각해볼까요?'도 필기가 되어 있는지 점검한다. 만약 과학 교과서나 실험 관찰 교과서가 필기 없이 깨끗하다면 실험을 건너뛰었거나 수업 중 딴짓을 했을 가능성이 크다. 초등 과학 공부는 학원이나 문제집을 풀기보다는 과학 교과서와 실험 관찰 교과서를 중심으로 공부하면 아이의 부담도 덜고 시간도 절약할 수 있다. 실험 관찰 교과서는 지식을 어떻게 구조화하는지를 구체적으로 보여주므로 자기 주도 학습에도 도움이 된다.

교과서만으로 부족하다고 생각될 때

각각의 교과서는 종이책을 이북(e-book) 형식으로 만든 디지털 교과서를 제공하고 있다. 학교에서는 여건상 교과서에 나오는 실험은 하지 못하고 이론으로만 공부할 때도 있다. 디지털 교과서에는 실험과 관련된 좋은 영상들이 많이 나와 있다. 영상은 3차원으로 구현되기 때문에 마치 실제로 실험하는 것처럼 생생하다. 아이가 실험 과정을 어려워하면 디지털 교과서로 복습하면 된다. 이외에도 인터넷 쇼핑몰에는 과학 실험 키트를 파는 쇼핑몰이 많다. 보통 한 학기 분량으로 구성되어 있다. 구입해서 아이와 함께 실험을 해보면 과학적 원리나 개념을 이해하는 데 큰 도움이 된다.

2-3

키워드 독서법

하나의 키워드를 중심으로 3권 이상을 읽어라

주제 중심의 '키워드 독서법'은 동일하거나 유사한 키워드를 바탕으로 상호 텍스트적 관계에 있는 여러 유형의 책을 넓고 깊게 읽는 통합적인 독서법이다. 책이나 글은 다른 책이나 글과 여러 면에서 관련성을 맺는다. 때로는 인용이나 예시처럼 언급하기도 하며, 때로는 서로 공통되거나 혹은 대비되는 관점이나 정보를 제시하면서 다른 글과 간접적인 관련을 맺기도 한다. '상호 텍스트성'이다. 이를 활용하면 더욱 깊이 있고 풍부한 독서를 할 수 있다. 핵심은 여러 권을 읽되, 하나의 주제를 중심으로 여러 권의 책을 다양한 관점에서 읽는 독서법이다.

키워드 독서법의 장점

1. 뇌는 이미 학습된 기존의 지식과 연결을 추구한다

사람의 뇌 속 기억은 거미줄처럼 연결되어 있다. 새로운 내용은 기존 내용과 연관성이 클수록 의미 있는 이해를 할 수 있도록 돕는다. 공부를 할 때나 책을 읽을 때도 마찬가지다. 여러 권의 책을 두서 없이 읽는 것보다 특정 주제에 대해 여러 권의 책을 읽다 보면 주제에 대한 이해도 깊어지고, 기억도 오래간다.

처음 한 권을 읽을 때는 개념도 낯설고, 모르는 어휘도 많아 이해하기 쉽지 않다. 이는 배경지식의 부족으로 뇌가 이미 알고 있던 정보를 어떻게 연결할지 모르기 때문이다. 이때는 가벼운 마음으로 전체를 한 번 읽어본다. 두 권째 읽게 되면 이전의 읽은 내용이 배경지식으로 작동하면서 새로운 지식과 연결 고리가 생긴다. 이런 식으로 기존의 지식을 기초 삼아 새로운 지식을 엮어 나간다. 기존의 알고 있던 지식에 연관 있는 새로운 정보를 더하면 기억은 강화된다.

더불어 같은 주제의 책을 3~4권 정도 읽게 되면 서로 연관성 때문에 의식하지 않아도 비교, 대조하면서 읽게 된다. '이 책은 이렇게 쓰여 있는데, 저 책은 다르게 표현되어 있네.'라는 식으로 관련 지식이 연결되면 기억은 강화된다. 일단 연결 고리가 만들어지면 특정 주제에 대해 더 많이 읽을수록 그것에 대해 쉽게 배우고, 기억도 오래간다.

2. 편견에서 자유로울 수 있다

《책의 정신》(북바이북)의 저자 강창래는 "이 세상 모든 책은 하나하나가 다 하나의 편견이다."라고 했다. 스콜라 철학자인 토마스 아퀴나스도 늘 "가장 위험한 사람은 단 한 권의 책만 읽은 사람"이라며 독선적 이념의 폐해를 경계했다. 어떤 주제에 대해 오로지 한 권의 책만 읽는다면 그 책 내용이 진리인 양 맹목적으로 믿게 될 위험이 있다. 비뚤어진 신념은 불행을 초래한다.

같은 주제의 책을 여러 권 읽게 되면 다양한 관점을 접할 수 있어 전체를 조망할 수 있다. 윤리적으로 옳지 않은 주장이나 오해와 편견을 걸러낼 수 있다. 그러면 나와 다른 의견을 가진 사람의 생각을 이해할 수 있다. 나아가 생각이 다른 사람과 소통하는 방법, 함께 살아가는 방법까지 배울 수 있다.

천 리 길도 한 걸음부터

키워드 중심 독서의 출발점은 아이의 관심과 흥미다. 아무리 좋은 책도 읽지 않으면 소용이 없다. 호기심과 관심에서 시작해야 더 알고 싶고, 주제를 탐색하는 과정에서 호기심이 증폭된다. 예를 들어 《늑대 왕 로보》(청어람주니어)를 읽고 '늑대'에 대해 흥미를 느낀다면 늑대의 한살이를 다룬 《알프스 늑대 루피넬라 이야기》(뜨인돌 어린이)나 야

생 늑대 생활 보고서인 《울지 않는 늑대》(돌베개)로 범위를 넓혀갈 수 있다. 이야기책, 환경, 생태로 이어지는 꼬리에 꼬리를 무는 독서는 통합형 교과 과정과도 일치한다.

어떻게 시작해야 될까?

일단 아이가 특정 분야에 관심을 표한다면 인터넷 서점에서 해당 주제와 관련된 책을 살펴본다. 고학년이라면 스스로 연관어를 검색해도 좋다. 제목, 표지, 목차, 출판사에서 제공하는 책 소개 등등을 꼼꼼히 읽고 부족하면 독자 서평 등을 참고한다. 책이 정해졌다면 구입하기 전에 도서관에 가서 실물책을 살펴보는 것이 좋다. 실제로 읽어봐야 책의 주장이 어떤 구조와 방식으로 전개되는지, 전체적인 줄거리가 어떤지 알 수 있다. 그래야 시간과 돈을 절약할 수 있다.

처음부터 3~4권의 책을 정하고 읽어도 좋지만 읽어가면서 연관책을 찾아 읽을 수도 있다. 특히 역사 교과의 경우, 중요한 내용이 간략하게 기술되어 있어 교과서만으로 충분한 이해가 어려울 수 있다. 이럴 때 키워드 독서가 효과적이다. 예를 들어 사회 시간에 '3·1 운동'에 대해 배웠다면, 3·1 운동의 배경과 의미를 다룬 정보책을 찾아 읽거나, 3·1운동이 무대가 된 이야기책, 혹은 당시에 활약한 독립투사의 이야기로 범위를 확장해갈 수 있다.

　　성적으로 연결되는 초등 비문학 독서법

초등학생은 이렇게 읽혔어요!

지난 학기 독서 교실에서 초등학생들과 '3·1운동'이라는 키워드로 4권의 책을 읽었다. 순서대로 나열하면 다음과 같다. 《3·1운동의 불씨, 독립 선언서를 지켜라》(사계절), 《3·1운동과 독립투사들의 특별한 이야기》(노루궁뎅이), 《제암리를 아십니까》(푸른책들), 《석호필》(도토리숲) 순이다.

먼저 읽은 책은 《3·1운동의 불씨, 독립 선언서를 지켜라》(사계절)이다. 3·1운동의 역사적 배경과 전국으로 확산된 과정, 순국열사 이야기를 다루었다. 3·1운동은 민족 대표들과 학생들이 치밀하게 준비하여 3월 1일 당일에만 전국 7개 도시에서 동시다발로 일어난 대규모 연대 시위였다. 만세 물결은 태백산맥을 넘어 강원도로, 바다 건너 제주도까지 확대되었다. 일회성이 아닌 전국적인 운동이었고, 어린 학생들, 일반 백성들까지 남녀노소를 가리지 않았다. 누군가는 독립선언서를 지켜내기 위해 목숨을 바쳤다. 무엇보다 이 책의 장점은 3·1운동의 원인과 결과를 상세하게 설명해서 전체를 조망하기에 좋다.

다음은 3·1운동 때 활약한 독립투사들의 삶을 그린 《3·1운동과 독립투사들의 특별한 이야기》(노루궁뎅이)를 읽었다. 유관순, 김구, 안창호, 안중근, 윤봉길, 손병희 등 우리에게 익숙한 독립투사 6명의 생애와 활동이 자세히 설명되어 있다. 책 속에는 실물 사진이 고스란히 실려 있어 당시 상황이 어떠했는지 알 수 있다. 책을 읽으면 독립투사들이 어떤 마음으로 독립운동을 했는지, 이 땅을 지키기 위해 얼마나 많은 이들이 하나뿐인 목숨을 바쳤는지도 잘 알 수 있다.

《제암리를 아십니까》(푸른책들)는 1919년에 일어난 '제암리 학살 사건'이 배경이다. 독립은 몇몇 독립투사들의 희생으로 가능하지 않다. 그들 뒤에 더 많은 외침과 희생이 있었다. 그 대표적인 현장이 '제암리'다. 제암리 사람들은 그 어느 지역보다 만세운동에 적극적이었고, 이를 탄압하는 일본인에 맞서 격렬하게 저항했다. '제암리 사건'은 아프고 슬프지만, 잊어서는 안 될 우리 역사의 한 부분이다. 사실 교과서에서 배운 몇 줄의 역사적 사실보다 이야기책으로 배운 역사는 기억에 더 오래 남는다. 이 책을 계기로 독립운동은 독립투사들만의 희생이 아닌 범민족적 운동이었음을 알려주고 싶었다.

마지막으로 읽은 책은 《석호필》(도토리숲)이다. '석호필 박사'로 잘 알려진 스코필드는 사건 후 제암리를 찾아, 폐허가 된 현장 사진을 직접 촬영해 '제암리/수촌리에서의 잔학행위에 관한 보고서'를 작성해 세계에 알린 인물이다. 모든 나라가 일본을 편들 때 목숨을 걸고 독립운동을 도운 몇 안 되는 외국인이다. 그는 독립운동의 공을 인정받아 외국인 최초로 국립묘지에 안장되었다.

이를 연결해보면 다음과 같다.

성적으로 연결되는 초등 비문학 독서법

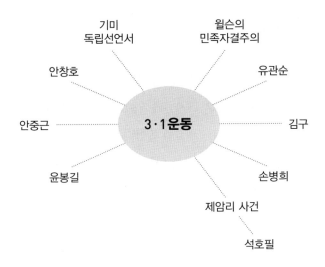

기미
독립선언서

윌슨의
민족자결주의

안창호

유관순

안중근 ⋯⋯⋯ 3·1운동 ⋯⋯⋯ 김구

윤봉길

손병희

제암리 사건

석호필

　3·1운동이라는 키워드로 책을 읽다 보면 안중근의 하얼빈 의거라든가 김구의 상해임시정부와도 연결지을 수 있다. 책의 주제와 연관된 기존 지식을 연결하면, 쉽게 배우고 기억도 오래간다. 연결 고리는 반복하면 할수록 단단해져 쉽게 끊어지지 않는다. 키워드 독서는 지식을 연결시켜 고리를 만드는 독서법이다.

　가정에서 지도할 때는 아이의 학년과 독서 수준을 고려해 쉬운 책부터 차례대로 읽히는 것이 좋다. 읽는 순서도 지식책, 이야기책, 인물 순으로 변화를 주면 지루하지 않다.

✎ 중학생 사례

중학생의 경우 '임진왜란'이라는 키워드로 연관 책을 함께 읽었다. 책을 정한 2022년 2월은 러시아가 우크라이나를 침공한 직후여서 '전쟁'에 대한 관심이 어느 때보다 높았다. 또한 위기에 처한 우크라이나 상황은 430여 년 전 임진왜란이 일어났을 때와 많이 닮아 있어 키워드로 선택했다. 그러나 아이들이 생각하는 임진왜란은 그저 역사의 한 줄에 불과했다. 중학생들의 임진왜란에 대한 정보는 '구국의 영웅 이순신 장군의 활약으로 풍전등화인 조선을 구했다.' 정도였다. 당시 국제 정세와 일본의 상황은 어떠했는지, 조선은 어떻게 대처했는지, 전쟁 후 동아시아의 역사는 어떻게 재편되었는지 아무런 관심이 없었다. 감추고 싶은 역사지만, 부끄러운 역사를 통해 배울 점은 무엇인지, 되풀이되지 않기 위해서는 어떻게 해야 하는지 함께 이야기해보고 싶었다.

함께 읽은 책의 순서는 임진왜란과 병자호란을 객관적으로 서술한 지식 정보책인 《임진왜란과 병자호란 조선은 왜?》(푸른숲주니어)를 시작으로, 서애 유성룡 종군의 기록인 《징비록》(서해문집), 마지막으로 임진왜란을 일본의 시각에서 바라본 이야기책인 《역랑》(틀을 깨는 사람들)을 읽었다. 지식책, 역사기록물, 소설 순이다.

첫 책인 《임진왜란과 병자호란 조선은 왜?》(푸른숲주니어)는 내용도 쉽고, 구성도 재미있어 부담 없이 접근할 수 있어 선정했다. 책 앞

머리에는 임진왜란 전 국제 정세가 자세히 설명되어 있어 전체를 개관할 수 있다. 묻고 답하는 형식이라 머리에도 쏙쏙 들어온다. 초등용인데 중학생들이 읽어도 유익하다.

서애 유성룡의 종군 기록물인 《징비록》(서해문집)은 임진왜란을 더 자세하고, 깊이 들여다볼 수 있는 책이다. 책을 선정할 당시 너무 많은 이름과 낯선 관직명으로 인해 아이들이 끝까지 잘 읽을 수 있을까 고민했다. 걱정은 기우였다. 아이들의 경우 이름이나 관직명은 건너뛰면서 내용 위주로 읽었다. 개중에는 기술한 내용이 너무 상세해 마치 종군기자가 현장을 누비며, 보도를 하는 듯해서 술술 읽혔다고도 했다.

책을 읽으며 청소년들은 국제 정세조차 파악하지 못하는 조선 정부와 백성은 안중에도 없이 도망만 다니는 벼슬아치들에게 분노했다. 전략적 요충지를 아무렇지 않게 내버려 두고 엉뚱한 곳에 진을 쳐 대부대를 죽음으로 몰아넣은 신립 장군의 안목에 대해 실망했다. 실망, 분노, 실망, 안도는 아이들의 공통된 소감이었다. 아이들 눈에도 지역 방위군인 의병과 이순신 장군이 없었다면 조선은 망해도 이상할 게 전혀 없는 나라였다. 한편으론 현재 자신들이 사는 이 땅이 수많은 사람들의 피로 지켜진 것을 깨달았다고 했다.

《역랑》(틀을 깨는 사람들)은 이주호의 장편소설로, 조선에서 태어나 일본에서 자란 용병대장 '히로'가 주인공이다. 그는 일본 최고의 조총 부대장으로, 소모적인 전쟁에 반대하지만, 도요토미 히데요시가 그의 애인 아츠카를 볼모로 삼고 협박하는 바람에 전쟁에 참가하게 되었다. 임진왜란 중에 조선에 귀화한 '김충선'이 모델이 되었다. 소설은 일본인 히로의 입장에서 이야기를 풀어나간다. 일본이 임진왜란을 일으킬 수밖에 없었던 국내정세와 왜란 전 조선의 대처가 얼마나 안일했는지 자세하게 나온다. 히로가 본 조선의 관리는 무능하고 부패했고, 도망가기 급급했다. 오히려 나라를 지킨 이는 힘없는 백성들이었다. 그들은 자신들이 사는 마을을 지키기 위해 농기구를 들고 격렬하게 싸웠다. 백성들은 게릴라전으로 왜구의 보급로를 끊는 등 타격을 가했다. 히로는 애인인 아츠카가 죽자 조선 군대에 투항한다.

키워드 중심의 독서가 청소년들에게 어떤 영향을 끼쳤는지 글을 보면 잘 알 수 있다. 다음은 '임진왜란'이라는 키워드로 서로 다른 분야의 책을 읽은 중학생의 글이다.

임진왜란이라는 주제로 《임진왜란과 병자호란 조선은 왜?》, 《징비록》, 《역랑》 등 3권의 책을 연속적으로 읽었다. 지식책, 역사적 기록, 소설(일본인의 관점) 순서로 쉬운 책으로 시작해서 점점 쪽수와 수준을 높여 갔다. 책을 읽기 전에는 임진왜란은 일본이 조선을 침략한 전쟁이며, 이순신 장군의 활약으로 왜군을 물리쳤다는 정도만 알았다. 그러나 같은 주제로 3권의 책을 읽게 되니 임진왜란에 대해 구체적으로 알게 되었다.

성적으로 연결되는 초등 비문학 독서법

임진왜란은 통치자들의 오판의 결과이며, 당시 조선의 실체를 가 감 없이 보여준 사건이었다. 그동안 예의나 명분을 중요하게 여 겼던 벼슬아치들은 전쟁이 나자 백성을 버리고 도망가기 급했다. 200년 동안 계속된 평화로 조선은 전쟁에 대한 대비가 전혀 없었 다. 만약 조선이 국방을 튼튼히 하고 왜에 대한 감시를 게을리하 지 않았다면 전쟁은 일어나지 않았을지도 모른다. 결국 전쟁의 빌 미를 제공한 건 조선이었다.

당시 일본의 지배층 역시 국제 정세에 무지한 무장 집단이었다. 그들은 무력으로 조선과 중국을 지배하겠다는 꿈을 꾸었다. 전쟁 초기 의병과 명의 개입으로 밀리면서 그들은 자신들의 판단이 잘 못된 것임을 깨닫는다. 결국 일본은 패배했고, 도요토미 정권도 무너졌다. 전쟁만 해오던 무사 집단의 꿈이 무너진 것이다. 당시 이것이 왜의 한계였다. 오판의 대가는 정권 교체였다.

반면 조선은 비열하고 무능한 벼슬아치들이 전쟁에 대한 반성도 없이 계속 집권했다. 공을 세운 의병장을 처형하기까지 했다. 병 자호란 때 의병이 일어나지 않은 이유이다. 설상가상으로 병자호 란 때 호되게 당하고도 청나라를 오랑캐라고 무시하고 배우려 하 지 않았다. 몇몇 양반들이 청나라의 북학을 받아들였지만 소수 의 견에 불과했다. 결과 300년 후 조선과 일본의 운명을 갈랐다. 한 쪽은 지배하고, 한쪽은 지배를 당하는 나라가 되었다.

역사는 반복된다. 약소국인 우리나라는 미국도 무시할 수 없고,

중국도 무시할 수 없다. 그 사이에서 줄타기를 잘해서 국익을 챙겨야 한다. 그것이 살길이다. 같은 주제로 여러 권의 책을 읽으며 역사에 대해 더 깊고 넓게 알게 되었다. '임진왜란'에 대해 논문을 써도 될 것 같다.

- 중3

다양한 매체를 활용하면
호기심과 흥미가 몇 배로 쑥쑥!

얼마 전 대학 들어간 후 책 읽기를 소홀히 하는 딸에게 문자를
했다.

엄마 어릴 때 그렇게 열심히 책을 읽었는데, 지금은 왜 예전처럼
　　　책을 읽지 않니?
딸　　책보다 재미있는 것이 너무 많아서요.

그렇다. 세상에는 재미있는 것이 사방에 널려 있다. 클릭 몇 번이
면 나를 울고 웃길 수 있는 콘텐츠들이 널려 있다. 요즘 10대는 태어
나면서 디지털 기기에 둘러싸여 자랐다. 이들을 가리켜 '영상 세대'
라 한다. 그만큼 영상 활용이 자연스럽고 친근하다. 학습은 물론 여
가 시간에도 영상을 적극 활용한다. 요즘 아이들에게 장래 희망을 물

어보면, '유튜버'라고 답하는 아이들도 많고, 직접 유튜브 계정을 운영하는 아이들도 있다. 즉, 영상이 아이들의 언어로 자리 잡아 간다는 뜻이다.

이런 세상에서 독서지도는 쉬운 일이 아니다. 아무리 독서의 가치와 효용성을 목놓아 외쳐도 읽지 않으면 소용이 없다. 일단 읽게 만들어야 한다. 그것도 자발적으로 궁금하고 호기심이 생겨 책을 집어 들게 만들어야 한다. 그러기 위해선 영상 세대와 밀접하게 관련이 있는 매체를 이용할 필요가 있다.

1. 북트레일러로 책에 대한 호기심 충전하기

출판사에서 제공하는 '북트레일러'는 영상 세대에게 자발적으로 책을 집어 들게 만드는 좋은 매체다. '북트레일러'란 책을 뜻하는 영어 단어 '북(book)'과 예고편을 뜻하는 '트레일러(Trailer)'의 합성어다. 마치 영화의 예고편처럼 책의 내용을 1~2분 정도의 동영상으로 제작하는 것이 특징이다. 무엇보다도 북트레일러는 책에 대해 볼거리와 생각할 거리를 던져주며, 동시에 호기심을 자극한다. 활자보다 영상에 익숙한 세대에게 책에 대한 흥미를 불러일으켜 독서 동기를 부여하고, 책에 쉽게 다가갈 수 있게 한다.

북트레일러의 효과는 청소년들과 이주호의 《역랑》을 읽을 때 경험했다. 소설이지만 쪽수가 400쪽에 달하는 장편에다 앞부분은 일본이 배경이라 일본 이름과 지명이 많이 나왔다. 그러다 보니 이름과 지명이 헷갈려서 이야기를 따라가기가 힘들었다. 그때 도움을 받은 것이 북트레일러였다. 결과는 대박이었다. 심지어는 책을 잘 읽어오지 않았던 학생까지 책을 읽어와 아주 재미있게 토론할 수 있었다.

2. 배경지식 쌓기에 도움을 주는 동영상 & 신문 기사

아이들이 읽으면 살이 되고 피가 되는 책들이 있다. 문제는 배경지식이 없으면 흥미와 재미가 덜하다는 점이다. 아무리 좋은 책이라도 흥미가 있어야 계속 읽어나간다. 똑같은 글이라도 배경지식이 여부는 텍스트에 대한 이해와 읽기 속도에 영향을 미친다. 배경지식이 부족하면 책 읽기 자체가 부담으로 다가온다. 그럴 때는 배경지식이 담긴 동영상이나 신문, 사진, 그림 등을 활용하면 내용 이해에 도움이 된다.

이영서 작가의 《책과 노니는 집》(문학동네)은 한 소년의 성장담인 동시에 조선 후기 천주교 탄압을 배경으로 한 역사 동화이다. 전개가 탄탄하여 그냥 이야기로 읽어도 재미있지만, 천주교 탄압이나 전기수에 대해 알고 있으면 더 깊이 능동적으로 책을 읽을 수 있다. 이때 활용할 수 있는 것이 동영상, 신문 기사, 음악, 사진 등이다.

실제로 《책과 노니는 집》을 읽기 전에 초등 4학년 아이들에게 '전기수' 기사와 관련 동영상을 본 후 책을 읽게 했더니 배경지식이 형성되어 더 흥미를 느끼며 책을 읽었다.

3. 만화로 독서 흥미 유발하기

수년 전 초4 남학생들과 한국사를 공부한 적이 있다. 그때 교재가 윤승원의 《맹꽁이 서당》(웅진 주니어)이었다. 지금은 수준 높은 지식 정보책이 많지만, 당시만 해도 초등학생들이 부담 없이 볼 수 있는 한국사 책은 거의 없었다. 다행히 아이들은 만화라는 매체 덕분에 어려운 조선 역사에 쉽게 다가갈 수 있었다. 아이들은 맹꽁이 서당 개구쟁이 학동들과 동질감을 느껴 책이 너덜거릴 때까지 보았다. 만약 일반 도서였다면 어땠을까? 아마도 중간에 포기하지 않았을까? 어렵고 복잡한 조선 시대 역사를 학습 만화책을 징검다리 삼아 일반 역사 도서로 넘어갈 수 있었다.

세계사 공부할 때도 마찬가지였다. 이원복의 《먼 나라 이웃 나라》(김영사)는 세계사로 건너가는 징검다리였다. 어려운 내용도 만화로 되어 있으면 아이들은 부담을 덜 느낀다. 대개 좋아하는 만화책의 경우 여러 번 읽는다. 그러면서 배경지식이 쌓이고, 용어에 익숙해진다. 좋은 학습만화는 독서 도우미 역할을 한다.

간혹 어떤 부모들은 만화책은 나쁜 것이라 단정 짓고 아예 못 읽게 하는 경우가 있다. 그러나 만화책이 나쁘다는 생각은 오해다. 요즘은 만화책의 종류도 다양하고, 가슴 따뜻하고 아름다운 가치관이 담긴 만화책도 많다. 오로지 만화책만 읽으면 문제지만 때로 마음껏 만화책을 읽는 것도 나쁘지 않다. 그렇다고 평소 만화책만 읽는 아이에게 시리즈로 된 학습만화를 사 주는 것은 옳지 않다. 줄글로 된 책

성적으로 연결되는 초등 비문학 독서법

이 주식이 되고, 만화책은 간식이 되어야 한다. 아이들이 좋아한다고 간식을 주식으로 주는 부모는 없을 것이다. 이유는 다음과 같다.

만화는 글보다 이미지가 주를 이룬다. 인물의 표정, 배경, 심지어는 인물의 속마음까지 이미지로 나타내 독자가 상상할 여지가 거의 없다. 글 역시 말풍선에 들어갈 정도로 짧다. 사정이 이렇다 보니 만화만 읽는 아이들은 대개 긴 호흡의 글을 읽지 못한다. 아이가 학습만화만 고집한다면 일반 도서 2권에 학습만화 1권 식으로 권수를 조정할 필요가 있다. 그러면서 차츰 글밥이 많은 다양한 주제의 책으로 옮겨가도록 신경 써야 한다.

4. 영화로 역사 배경지식 쌓기

책 읽기에서 중요한 것은 동기 유발이다. 동기가 부여되지 않으면 책 읽기는 괴로운 숙제가 된다. 역사 영화는 아이들의 흥미와 독서 동기를 부여하고, 시대적 배경지식을 쌓고, 역사에 대한 이해를 높일 수 있는 좋은 매체이다. 여기서 '역사 영화'란 역사적 사건을 소재로 다룬 영화를 말한다. 과거는 물론이고, 최근의 사건까지도 영화의 소재가 될 수 있다.

역사 과목은 역사를 어떻게 접근했느냐에 따라 호불호가 갈린다. 처음부터 교과서 같은 인쇄 매체로 접근한 경우, 역사 과목은 '암기해야 할 내용이 너무 많은 골치 아픈' 과목이 될 확률이 높다. 반면 역사를 책 이외에 'TV 드라마나 영화'로 접근한 아이들의 경우 동기

유발이 충분히 되어 역사에 대해 더 많이 알려고 하고, 더 깊이 파고 들 확률이 높다.

영화는 추상적이고 막연한 내용을 구체적이고 사실적으로 전달해준다. 글로는 설명이 안 되는 내용도 이미지로 보면 흥미와 감동은 물론 역사적 사실과 의미를 자연스럽게 이해할 수 있다. 교과서는 역사적 사건을 전체적인 관점에서 파악하는 것이 아니라 정치, 사회, 경제, 계급 등 개별적인 범주로 나누어 파악한다. 이에 비해 영화는 원인과 결과의 측면에서 개인, 집단, 국가가 따로 떨어져 있는 것이 아닌 상호작용을 통해 복잡하게 얽혀 있음을 보여준다.

예를 들어 역사적 사실은 '나당 연합군을 결성해 백제를 공격하자, 계백 장군은 5천 결사대를 조직해 신라군을 막으려 했지만 660년에 멸망한다.'로 되어 있다. 반면 영화 〈황산벌〉은 백제의 멸망이란 역사적 사건을 코미디라는 장르로 버무려 웃음을 주는 동시에 백제의 멸망을 인과 관계의 측면에서 다룬다. 이 외에도 영화는 당대에서만 볼 수 있는 각종 역사적 유적과 유물을 등장시켜 시대상을 구체화하기도 한다.

반면 영화는 상업성을 전제하므로 같은 역사적 사건이라도 재미를 위해 허구적인 이야기를 끼워 넣을 수 있다. 예를 들어 역사에는 나오지 않는 인물을 극의 재미를 위해 등장시킨다든지, 실존 인물의 계급이나 성을 바꾸기도 한다. 그렇게 되면 아이들은 역사적 사실을 잘못 관련짓거나 선입관을 가질 수 있다. 따라서 역사 영화를 볼 때는 실제의 역사와 비교하면서 영화에서 역사적 오류를 찾아내고, 영화적 내용과 역사적 사실의 차이점을 토론할 수 있어야 제대로 된 역사관을 심어줄 수 있다. 그래야 영화를 활용한 역사 배경지식 쌓기의 효과가 극대화될 수 있다.

🎞 아이들과 함께 볼 수 있는 역사 영화

❶ 〈황산벌〉 - 백제의 멸망과 신라의 삼국통일 과정

❷ 〈평양성〉 - 고구려의 멸망 과정

❸ 〈안시성〉 - 고구려가 당의 침입을 물리치는 영화

❹ 〈무사〉 - 고려 우왕 배경

❺ 〈천문〉 - 조선 세종조 과학과 문화 발전

❻ 〈관상〉 - 조선 세종~단종 배경

❼ 〈신기전〉 - 세종 30년 신무기 개발

❽ 〈명량〉 - 임진왜란

❾ 〈남한산성〉 - 병자호란

❿ 〈가비〉 - 고종

5. 원작과 비교하며 영화 보기

🖎 영화 먼저, 아니 원작 먼저

사람들은 원작이 있는 영화를 볼 때 원작을 먼저 읽고 영화를 봐야 하나, 아니면 영화를 먼저 보고 원작을 읽어야 하나 고민한다. 물론 사람에 따라 다르겠지만 내 경우 원작이 먼저다. 이유는 단순하다. 원작보다 영화를 먼저 보면 영화의 이미지가 너무 강해 책을 읽으면서 상상의 나래를 펼치기가 어렵다. 책을 읽는다는 건 자신의 경험과 지식을 기반으로 작가가 그린 상상의 세계로 풍덩 뛰어드는 일이다. 작품 속의 세계나 상황은 읽는 사람의 상상력의 크기에 비례한다.

예를 들어 '턱 밑으로 내려오는 단발머리, 동그란 얼굴에 어딘가 불만 있는 듯 양 볼은 부어 있고 통통한 입술은 삐죽 나와 있다.'라는 문장을 읽으면서 '불만에 가득 한 귀여운 단발머리 여자아이'를 떠올릴 수 있어야 책이 재미있다. 영화를 보고 원작을 읽으면 상상하기 이전에 영화적 이미지가 먼저 떠오른다. 그 이미지는 강해도 너무 강하다. 내 경우 우리나라가 배경인 소설을 읽을 때 '내 맘대로 캐스팅'을 하는 경우가 많다. 하지만 영화를 먼저 보면 이런 상상을 할 수 없다. 즉, 영화는 독자의 상상력을 원천적으로 차단해버린다.

반면 원작을 먼저 읽고 영화를 보면 책과 비교하면서 볼 수 있다는 장점이 있다. 원작과 다른 점을 찾아보면 재미는 배가 된다. 원작을 영화로 만들기 위해서는 어쩔 수 없이 각색을 거쳐야 한다. 사건의 축소나 변형 및 삭제나 첨가 등 내용과 길이에 변화는 피할 수 없다. 심지어는 등장인물의 성격이나 시대적 배경이 달라지기도 한다. 영화를 볼 때 이런 점에 눈여겨보면서 이야기를 나누면 이해의 폭을 넓힐 수 있다.

✎ 원작 먼저, 아니 영화 먼저

원작은 그 자체로 완결된 의미를 지니고 있지만, 때에 따라선 작품이 말하지 않은 것을 영화가 말해줄 수 있다. 할레드 호세이니의 《연을 쫓는 아이(The Kite Runner)》(현대 문학)는 원작보다 영화를 추천한다. 이유는 원작이 500쪽이 넘어 어린 독자들이 선뜻 책을 집어 들기 어렵기 때문이다. 책 내용이 궁금하다면 영화를 보고 책을 보면 된다. 영화를 보고 원작을 읽는다면 감동은 두 배가 된다. 만일 책을 먼저 만나게 되면 서평을 찾아 주인공들이 어떤 모습인지 알고 책을 읽으면 이해가 더 쉽다. 이 작품은 우리에게 낯선 아프가니스탄의 불행한 역사를 바탕으로, 두 아이의 우정과 배신과 용서가 한 편의 서사시처럼 펼쳐지는 성장소설이다. 가장 기억에 남는 말은 "널 위해서라면 천 번이라도"이다. 어떤 맥락에서 이 말이 나왔는지 궁금하지 않은가?

❶ 〈연을 쫓는 아이〉(《연을 쫓는 아이》) - 청소년부터

❷ 〈아홉 살 인생〉(《아홉 살 인생》)

❸ 〈원더〉(《아름다운 아이》)

❹ 〈개를 훔치는 완벽한 방법〉(《개를 훔치는 완벽한 방법》)

❺ 〈나미야 잡화점의 기적〉(《나미야 잡화점의 기적》) - 청소년용

❻ 〈나니아 연대기〉(《나니아 연대기》)

❼ 〈괴물들이 사는 나라〉(《괴물들이 사는 나라》) - 그림책

❽ 〈줄무늬 파자마를 입은 소년〉(《줄무늬 파자마를 입은 소년》)

❾ 〈마녀를 잡아라〉(《마녀를 잡아라》)

❿ 〈마틸다〉(《마틸다》)

한자 공부!
아이의 호기심을 이용하라!

아이가 초등학교 들어가면서 가정환경조사서를 작성하게 되었다. 옆에서 보고 있던 아이가 "엄마, 인적 사항이 무슨 말이에요? 부는? 모는? 성명은?" 하고 계속 질문을 해댔다. 처음에는 대수롭지 않게 아이의 질문에 대꾸해주었다. 인적 사항은 어떤 사람에 대한 이름, 연락처 등을 말하며, 부는 아빠를, 모는 엄마를, 성명은 이름을 뜻한다고 알려주었다. 설명을 듣고 있던 아이는 "그런데 왜 '이름'이라고 안 쓰고 '성명'이라는 말을 써요? 이름이라고 하면 알기 쉬울 텐데요."

"우리나라는 오랫동안 한자를 써 와서 그래. 우리말은 한글이지만 그 한글이 한자어에서 온 것이 아주 많거든. 엄마 어릴 때만 해도 누구나 한자를 배웠는데, 그런 사람들이 이 조사서를 만들어서 그럴 거야. 한자를 알면 공부할 때도 좋은데 배워볼래?" 하고 슬쩍 미끼를 던졌다. 처음에는 거부했다. 자기는 한자 안 배워도 공부 잘할 수 있다고, 책만 열심히 읽을 거라 말했다. 나 역시 너무 이른 나이에 이것 저것 시키는 게 탐탁하지 않아 마음을 접었다.

그렇게 몇 달이 지났다. 저녁에 뉴스를 보면서 "엄마, 이름을 왜 발표해요?" 뜬금없이 물었다. 무슨 소린가 했더니 촛불집회 관련 뉴스를 보고 있었다. 뉴스에는 ○○○ 단체가 나와서 성명서를 발표하고 있었다. 사람들 뒤로 "○○○ 성명서 발표"란 현수막이 보였다. 순간 지난번에 설명해준 '성명'이란 한자가 떠올랐다. 아이의 의문은 당연한 거였다.

내친김에 다시 한번 한자 공부 카드를 내밀었다. 교재는 길벗 스쿨에서 나오는 《기적의 한자 학습》(길벗스쿨)으로 정했다. 이 책은 한자의 유래를 제시해주고, 어떻게 변천했는지, 부수와 쓰는 순서 등이 자세히 나와 있어 학습하기 편했다. 게다가 글씨도 큼직하고 그림도 많아 저학년이 공부하기에는 부담이 없었다.

한자 공부를 할 때는 실생활에서 지금 배우고 있는 한자가 어떻게 쓰이는지 알려주려 애썼다. 예를 들어 '귀 이'와 '코 비' 두 글자를 배웠으면 그걸 '이비인후과'와 연결해 설명했다. 즉, 이비인후과의 '이'는 '귀 이(耳)', '비는 코 비(鼻)', '인은 목구멍 인(咽)', '후는 목구멍 후(喉)', '과는 과정 과(科)'라고 가르쳤다. 더하여 치과, 안과, 소아과, 산부인과, 비뇨기과 등 주변에서 흔히 볼 수 있는 병원 간판에 숨은 한자도 그렇게 가르쳤다. 당시 유치원과 초등 저학년 아이들에게 수족구(手足口 : 손, 발, 그리고 입안에 물집이 생기는 병)가 돌았는데, 한자를 알려주자 바로 이해했다.

한자에 관심이 생기니 도서관에 가서 아이들 사이에 유행이었던 《마법 천자문》(아울북)을 보기 시작했다. 이 책은 이야기의 상황에 어울리는 한자가 나와 자연스레 한자를 익힐 수 있었다. 기본적인 한자는 공부한 터라 만화책을 보다 아는 한자가 나오면 아는 척을 했다. 그렇게 도서관을 들락거리다 성에 안 찼는지 책을 사 달라고 졸랐다.

처음에는 너무 만화책만 보지 않을까? 망설였다. 하지만 자식 이기는 부모 없다고 결국 《마법 천자문》을 사 주었다. 대신 일기를 쓸 때 아는 한자를 3~4개 정도 섞어서 쓰고 《기적의 한자 학습》(길벗스쿨)도 하루에 한 장씩 꾸준히 쓰도록 했다. 아이는 자기 책을 갖는다는 기쁨에 흔쾌히 수락했다.

굳이 《기적의 한자 학습》(길벗스쿨) 문제집을 병행한 것은 '부수' 때문이다. 한자의 부수는 기본이 되는 글자이기에 부수를 알면 한자를 더 빨리 배울 수 있고, 같은 부수를 쓰는 한자는 처음 보는 글자라도 뜻을 유추하는 데 도움이 된다.

중요한 것은 놀이처럼 재미있게 한자를 익히고, 배운 한자를 잊지 않기 위해 자주 사용해보아야 한다. 아무리 열심히 한자를 공부했다고 해도 자주 쓰지 않으면 기억은 점점 흐려진다.

한자를 넣어서 쓰는 일기와 한자 낱말 카드놀이는 기억을 소환하는 좋은 도구이다. 《마법 천자문》을 사면 부록으로 한자 카드가 딸려온다. 이 카드를 100% 활용했다. 한자 카드를 집안 곳곳에 붙여놓고 수시로 보게 하고, 각종 게임을 통해 익힌 한자를 복습했다. 카드 뒤집기 놀이, 한자 낱말 만들기, 한자 낱말 스피드 퀴즈 등 다양한 놀이를 했다. 나중에는 아이 쪽에서 카드놀이를 하자고 졸라댈 정도였다. 물론 얼토당토않은 낱말을 만들어 배꼽을 잡고 웃기도 하고, 당황하기도 했지만, 한자 카드놀이는 어린 시절 즐거운 추억으로 자리 잡았다.

아는 한자가 많아지자 한자 급수에 도전했다. 초등 1학년 겨울 방학에 8급으로 시작한 급수가 4학년 무렵에는 4급이 되었다. 시험은 주로 방학 기간인 2월과 8월에 보았는데 배운 한자를 복습할 수 있어 아주 유용했다. 급수 시험에 합격하면 상으로 아이가 원하는 것을 해주었다.

한자 공부를 꾸준히 시켜온 것은 우리가 한자 문화권에 살며, 우리말의 70%가 한자이기 때문이다. 한글이지만 한자의 뜻을 알면 의미 파악이 쉽다. 고학년에 올라갈수록 겉은 한글이지만 속은 한자인 글은 점점 많아진다. 이런 글은 한글로만 읽어서는 내용 파악이 힘들다. 이는 교과서에 나오는 '자연보호'에 관한 글만 봐도 알 수 있다.

둘째, 무리한 자연 개발은 생태계를 파괴한다. 생물은 서로 유기적인 생태계로 얽혀 있으며 주변 환경과 영향을 주고받으면서 살아간다. 자연 개발로 생태계를 파괴하면 결국 사람의 생활환경을 악

화시키는 결과를 초래한다.

-《국어 6-1 가》4단원

보는 바와 같이 무리(無理), 자연(自然), 개발(開發), 생태계(生態界), 파괴(破壞), 생물(生物), 유기적(有機的), 주변 환경(周邊 環境), 영향(影響), 생활(生活), 악화(惡化), 결과(結果) 등은 모두 한자어이다. 초등학교 6학년 국어 교과서에 이렇게 많은 한자가 쓰인다면, 중학교나 고등학교 국어 교과서에는 더 많은 한자가 나올 수 있다. 우리가 사용하는 말 역시 한글이지만 뜻은 한자인 경우가 대부분이다. 즉, 겉으로는 한글의 얼굴을 하고 있지만 속으로는 한자라는 얼굴을 가진 경우가 부지기수다. 그러므로 한자를 알아야 교과서에 실린 학습 용어의 개념을 쉽게 이해할 수 있다.

한자와 관계가 없는 듯 보이는 영어만 해도 동사, 명사, 대명사, 주어, 보어, 관형어 등도 한자를 알아야 의미가 확실하게 다가온다. 수학도 예외는 아니다. 최소 공배수, 최대 공약수, 방정식, 배수와 약수, 포물선, 좌표 등도 모두 한자어다. 만약 관련 한자를 알고 있다면 어려운 용어가 나와도 한자의 뜻을 풀면 되니, 공부하기가 수월하다.

한자 공부는 상급학교에 진학하면 더 빛을 발한다. 특히 수능 언어 영역의 비문학 지문의 단어는 한자의 의미를 알면 절대적으로 유리하다. 비문학 지문을 어려워하는 대부분의 아이들은 문제가 어려워서라기보다 용어가 어려워 지레 겁을 집어먹는다. 단어(개념)의 의미를 정확하게 알지 못하거나 비슷한 개념을 구분하지 못하면 비문학 지문은 그야말로 난공불락이다. 그럴 때 한자는 비문학 지문을 이해하는 데도 큰 도움이 된다.

누군가 "한자 공부, 꼭 해야 하나요?" 묻는다면 대답은 "꼭 시키세요. 공부가 훨씬 수월해집니다."라고 말할 것이다. 초등 고학년에 올라가면 모든 과목이 다 한자와 연관이 있다고 해도 과언이 아니다. 수학이나 과학은 절대적이다. 그나마 시간 여유가 많은 저학년 때 미리미리 공부해 두면 교과 공부가 수월해진다. 배운 걸 잊지 않기 위해서는 실생활과의 연결도 중요하다. 반복해야 장기 기억에 저장된다. 정확히 쓰진 못해도 읽을 줄 알고, 의미를 안다면 많은 도움이 된다. 그나마 시간 여유가 많은 저학년 때 학습지를 정해서 꾸준히 공부하면 한자는 성적으로 보답한다.

그럼 한자에 흥미가 없는 아이는 어떻게 할까? 작은 아이의 경우 흥미가 없어 당근과 채찍을 동시에 사용했다. 당근은 선물 사주기. 급수를 딸 때마다 원하는 것을 해주겠다고 약속했다. 4학년 때 본격적으로 시작했는데 처음에는 시큰둥했다. 하지만 공부에 도움이 되자 1년 6개월 정도 열심히 하니 언니를 어느 정도 따라잡았다.

한자는 당장 눈앞에 결과가 나오지는 않는다. 저학년 때는 더더욱 그렇다. 하지만 학년이 올라갈수록 특정 개념에 대한 이해나 어휘력 향상에 도움이 된다. 그뿐만 아니라 선택 과목인 중국어를 배울 때도 한자를 알아두면 편하다. 아예 영어권 나라로 이민 가거나 유학을 가지 않는 이상 한자 공부는 필수이다. 외국 영화를 보면 사립학교에서 아이들이 라틴어를 배우는 장면이 많이 나온다. 죽은 언어인 라틴어를 배우는 이유는 철학, 과학, 법률, 정치, 기술 용어들이 라틴어에서 유래되었기 때문이다. 즉, 라틴어가 개념 이해나 어휘력 향상에 도움이 되기 때문이다. 한자를 공부해야 하는 이유도 같다.

✎ 정리

1. 한자는 아이가 호기심을 보일 때 시작하라.
2. 배운 한자는 실생활과 연결시켜 생각하게 하라.
3. 배운 내용을 복습하는 차원에서 급수 시험에 도전하라.
4. 흥미가 없는 아이는 4학년 때 시작해도 늦지 않다.
5. 아이가 싫어하면 당근과 채찍을 동시에 사용하라.
6. 한자는 어휘력 향상과 특정 개념에 대한 이해력을 높인다.

많이 읽는다고
좋아해서는 안 되는 이유

올해 10살 초등 3학년 딸을 둔 지우 엄마는 책을 손에서 놓지 않는 아이로 키우고 싶어 아기 때부터 독서 교육에 열과 성을 다하였다. 일주일에 2번 이상 집 근처 도서관에 데리고 가서 아이가 좋아하는 책을 가족 3명의 대여 한도를 꽉 차도록 빌려 오곤 했다. 원하는 책이 도서관에 없을 때는 바로바로 사서 안겨주기까지 했다.

엄마의 바람대로 지우는 책과 노는 아이가 되었다. 놀다가도 지치면 좋아하는 책을 꺼내 소파에 누워서 읽었고, 간식을 먹을 때는 책부터 챙겨왔다. 그때는 보답받는 것 같아 뿌듯하기도 했다.

그런데 어느 날 우연히 펼쳐본 독서록을 보고 깜짝 놀랐다. 그 책은 지우 엄마도 읽어본 적이 있는 책인데 아이는 책 내용과는 맞지 않는 엉뚱한 이야기만 잔뜩 써놓았다. 독서록만 보면 무슨 책을 읽었는지도 모를 정도였다. 나머지 독서록도 마찬가지였다. 지우 엄마는 그제야 무언가 잘못되었음을 깨달았다.

문제의 발단은 다독왕 선발 때문이었다. 지우네 학교는 학생들의 독서 습관 확립을 위해 매년 다독왕을 선발하는데, 가짜 대출자를 가려내기 위해 읽은 책에 대한 독서록도 같이 제출하도록 했다. 평소 지우는 자기가 좋아하는 분야라면 긴 책도 곧잘 읽는 아이였다. 《마당을 나온 암탉》(사계절)이나 《개를 훔치는 완벽한 방법》(놀)은 너무 재밌다며 2~3번을 읽기도 했다. 그런 아이가 상에 현혹되어 마음에도 없는 책을 대충 읽고, 독서록도 형식적으로 썼던 것이다. 다독의 폐해였다.

몇 년 전부터 아이들의 독서 습관 길러주기 위해 학교나 지역 사회 도서관에서는 다독왕 선발을 통해 다독을 권장하고 있다. 가정에서도 수백 권의 전집을 벽면 가득 채우고 아이에게 독서를 권장하기도 한다. 물론 책을 많이 읽는 것 자체는 나쁘다고 할 수 없다. 하지만 상을 받기 위해서 하는 수박 겉핥기식 독서는 경계해야 한다. 권수 채우기에 바빠 대충 읽는 책 읽기는 아무리 많이 읽어도 생각하는 힘을 기를 수 없다. 보여주기식 독서가 습관으로 굳어지면 읽었으나 책 내용을 기억하지 못하는 현상이 나타난다. 남는 건 읽은 책의 목록뿐이다. 책 목록은 아이의 사고력도, 상상력도 확장해주지 못한다.

그럼 수박 겉핥기식 독서가 아닌 진짜 피가 되고 살이 되는 독서 습관을 길러주려면 어떻게 해야 할까? 우선은 부모가 독서에 대한 주관을 뚜렷이 세우고, 옆집 아이와 비교하지 말아야 한다. 옆집 아이는 그림책을 떼고 전집 수십 권을 읽었다는데 우리 아이는 그림책도 엄마가 읽어줘야 읽는다. 그럼 엄마는 불안해진다. 불안은 사람의 눈과 귀를 닫는다. 지금도 한참 늦었다는 생각에 아이를 몰아세운다. 내 아이의 수준을 생각하지 않고, 앞으로 나아가라고만 한다.

어설프게 부모의 의욕이 앞서면 아이는 요구에 부응하기 위해 기계적으로 책을 읽을 수밖에 없다. 이는 책과 멀어지는 길이다. 차라리 아이에게 수많은 선택지를 마련해주고 좋아하는 책을 찾도록 도와주어야 한다.

둘째는 필독서나 권장 도서에 연연하지 말아야 한다. 부모들은 ○○○ 선정 필독서, ○학년 필독서라는 제목이 붙으면 그 책을 꼭 읽어야 한다고 생각한다. 대체로 권장 도서나 필독서는 적게는 10권에서 많게는 30권 정도로 구성되어 있다. 물론 어른들이 아이들의 성장을 고려해 선별한 책이니 좋은 책들이 많다. 하지만 읽는 사람은 아이들이다. 필독서가 지루하다면 아이는 마치 숙제를 끝내듯, 그저 의무감으로 책을 읽게 된다. 중요한 건 내 아이의 눈높이와 관심사다. 의미도 모르는 책을 억지로 읽을 때 아이들은 책에서 점점 멀어진다.

책은 아이들에게 친구와 같다. 자신이 좋아하는 친구를 만나야 오래도록 친하게 지낼 수 있다. 부모는 아이가 다양한 친구를 만나고, 친해질 수 있는 계기를 만들어주면 된다. 어른들도 그렇지만 아이들은 맘에 드는 친구를 만나면 매일 그 아이와 놀려고 한다. 심지어 집으로 초대해 놀면서 밤을 새우기도 한다. 마찬가지로 아이들은 마음에 드는 책을 만나면 읽으라고 하지 않아도 읽고 또 읽는다. 어떨 때는 책에 빠져 밤을 지새우기도 한다. 그렇게 책과 친구가 된 아이는 평생 책과 친구로 지내게 된다.

생각하는 힘을 기르는 한 학기 한 권 책 읽기

요즘 각 학교에서는 '한 학기 한 권의 책 읽기'가 독서 교과로 자리매김하고 있다. 이는 일본의 국어교사였던 하시모토 다케시 선생님이 생각해낸 독서법이다. 일명 슬로리딩이라 한다. 교사가 온갖 지식을 설명하고 학생은 이를 수용하는 기존의 읽기 수업에 대한 반성에서 출발했다. 그는 교과서 대신 소설 《은수저》를 3년에 걸쳐 읽기, 쓰기, 샛길 찾기 등 다방면으로 지도했다. 선생님은 학생들을 지도하며 배움이 입시를 위한 것이 아닌, 배움을 통해 삶의 지혜를 얻기를 바랐다. 그의 시도는 학생들에게 새로운 생각의 길을 열어주었고, 소설 속에서 얻은 즐거움은 배움으로 연결되었다. 그는 자신의 저서 《슬로 리딩》(조선북스)에서 이렇게 말한다.

"생각하는 능력을 습득하기 위해서는 천천히 차분히 한 권의 책을 완벽하게 읽어야 합니다. 동시에 인간의 삶과 존재 방식의 폭을 사유하기 위해 가능한 많은 책을 읽는 거지요. 이 양 바퀴가 갖추어졌을 때 처음으로 진짜 국어 실력을 키우기 위한 읽기가 시작됩니다."

요즘 우리나라 학교에서 이루어지는 '한 학기 한 권 읽기'도 이런 맥락에서 시작되었다. 책 한 권을 온전히 읽고, 생각을 나누고, 표현하는 가운데 배움의 의미를 깨닫고 바른 독서 습관 형성을 목표로 하고 있다. 이는 빠르게 읽는 속독, 많이 읽는 다독과 반대되는 독서법이다. 책을 통해 현실의 문제를 해결하고, 자기만의 독특한 관점으로 새로운 것을 만들어내고, 타인과 소통하며, 자신의 삶을 성찰하고 더 나은 사람이 되기 위해 노력하는 사람을 키우는 국어 교육의 목적과도 부합된다.

인공지능(AI), 사물인터넷(IoT), 로봇 등으로 상징되는 4차 산업혁명이 도래한 지금, 미래는 '바른 인성을 갖춘 창의융합형 인재'를 원한다. 각계의 전문가들은 입을 모아 말한다. 창의융합형 인재를 기르기 위한 가장 효과적인 교육 방법은 '독서'라고.

여기서 '독서'는 양적인 의미의 독서가 아니다. 책의 수준도 심심풀이로 읽는 책이 아니다. 여러 번 꼼꼼히 읽을 가치가 있는 책을 읽어야 한다는 말이다. 그런 책을 천천히 차분하게, 한 권의 책이라도 정독하며 읽어야 한다. 그러기 위해선 권수를 채우려고 기계적으로 읽는 독서는 '지양'되어야 한다. 학교나 가정에서도 '독서'를 장려하되, 숫자로 독서력을 측정해서는 안 된다. 책을 많이 읽는 아이를 만나면 몇 권 읽었냐고 물어보기보다는 몇 번을 읽었냐고 물어야 한다. 그래야 쫓기듯 읽지 않는다. 그래야 한 문장이라도 제대로 음미할 여유가 생긴다. 그래야 생각이 확장되고, 삶이 변화된다.

초등학생의 경우 마음에 드는 구절에 밑줄 긋고, 2~3번 정도만 꾸준히 읽어도 독해력과 사고력은 눈에 띄게 좋아진다. 그렇게 책을 읽은 아이들은 스스로 생각하는 능력을 키워 타인을 존중할 줄도 알고, 책에서 얻은 지혜와 슬기로 살아가면서 부딪치는 수많은 난관을 극복할 수 있다. 그 길이 인공지능과 경쟁하지 않고, 자신의 길을 갈 수 있는 방법이다.

chapter 3

읽은 내용
꼭꼭 기억하는
쓰기법

똑같이 읽어도 나는 까먹는데
쟤는 왜 기억할까?

초등학교 2학년 무렵 다리가 부러져 몇 달 동안 학교를 쉬어야 했다. 퇴원해서도 학교와 집이 멀어 다리가 다 나을 때까지 집에서 무료한 시간을 보냈다. TV도 귀하던 시절이었고, 어머니는 농사일에, 집안일에 바빠 나와 놀아줄 시간이 없었다. 못 견디게 심심해하는 내가 딱했던지 아버지께서는 중고 전집 동화책을 사다 주셨다. 교과서와는 달리 재미난 이야기가 가득한 그 책들을 읽고 또 읽었다.

읽기에 재미를 들인 나는 초4학년 무렵에는 급기야 아버지 책에도 손을 대기 시작했다. 중학생이 되어서는 소설책은 줄거리가 궁금해 배경을 묘사한 부분은 생략하고 읽었다. 그러다 보니 남들 앞에서 잘난 척은 할 수 있었지만 세세한 내용을 잘 기억하지 못하는 경우가 많았다. 대학 2학년까지 그런 패턴이 반복되었다. 속 모르는 과 동기들은 나를 '걸어 다니는 도서관'이라 불렀다.

그날도 다른 날과 마찬가지로 책 한 권을 집어 들고 읽기 시작했다. 책을 중간 정도 읽기 시작했을 때 밑줄 그어놓은 게 보였다. 당시 나는 중고책방에서 책을 구입하였기에 밑줄에 신경 쓰지 않았다. 그런데 이상했다. 밑줄 긋는 패턴이나 별표 친 것, 내용도 익숙했다. 알고 보니 이전에 읽었던 책이었다. 나름 기억력이 좋다고 자부하고 있었는데, 밑줄 쳐가며 읽은 책을 기억하지 못한 것에 충격을 받았다. 당시에는 독서법이 뭔지도 모르던 시절이었다. 그래서 자신에게 물었다. '뭐가 문제지? 왜 까먹었을까? 어떻게 하면 읽은 내용을 잘 기억할 수 있을까?' 끊임없이 질문을 던졌으나 해결 방법을 몰랐다.

그러다 방학이면 도서관에서 자주 마주치던 과 동기가 생각났다. 친하지 않아 그저 눈인사만 하는 사이였다. 그는 책 읽기를 좋아해서 방학이면 도서관에서 살다시피 했다. 그가 어떻게 책을 읽는지 궁금했다. 하지만 친하지도 않은데 불쑥 물어보기 뭐해서 묻지 못했다. 그렇게 시간을 보내다 용기를 내서 물어보았다. 질문은 세 가지였다.

넌 책을 읽고 그 내용을 다 기억할 수 있니?
읽을 책 목록은 어떤 기준으로 정해?
책을 읽고 독후감은 꼭 쓰니?

친하지도 않은 아이가 이런 질문을 하자 '뭐지?' 하는 표정으로 쳐다보았다. 그래서 내가 겪은 충격적인 이야기를 해줬다. 그랬더니

씩 웃으며 이해하겠다는 표정을 지었다. 말수가 적은 아이였다. 그리고 어떻게 책을 읽는지 하나씩 짚어가며 이야기해주었다.

"사람인데 어떻게 다 기억하니. 난 책을 읽으면 매번 독서 노트에 기록해." 하며 노트를 가지고 와서 보여주었다. 친구는 주로 철학과 독일 문학을 읽었다. 독서 노트에는 책 제목, 지은이, 출판사, 읽은 날짜, 인상 깊은 구절 5~6개, 핵심 내용 몇 줄, 궁금한 점 등으로 구분되어 정리되어 있었다. 마치 문제집 맨 장에 나오는 요약 내용 같았다. 정리하고 나서 며칠 후에 잊지 않기 위해 반복해서 들여다본다고도 했다. 좋아하는 책은 여러 번 읽어 남들 앞에서 설명할 수도 있다고 했다. 한 번 읽으면 그만인 나와는 딴판이었다.

"그럼 문학책을 읽을 때는 어떻게 읽어? 내용을 다 기억하니?"

문학책의 경우 독후감은 따로 쓰지 않는다고 했다. 대신 읽을 때 천천히 장면을 상상하면서 읽었다. 배경이나 세부 묘사는 읽지 않고 넘어가는 나와는 너무도 달랐다. 읽은 후에는 교회 청년회 사람들과 이야기를 나눈다고 했다. 그 과정에서 궁금한 걸 물어보고, 제대로 이해했는지도 확인했다. 난 그때까지 책을 읽고 누군가와 나눈 적이 없었다. 부럽고 부끄럽고. 그때 심정이었다.

읽는 책 목록은 그때그때 다르지만, 철학을 공부하는 전공자의 도움을 받는다고 했다. 지금은 인터넷 서점에 들어가 연관 검색어를 치면 관련 도서가 쭉 나오지만. 그때는 발품을 팔지 않으면 어떤 책이 출판되었는지도 모르던 시절이었다. 처음에는 누군가 추천해준 목록

성적으로 연결되는 초등 비문학 독서법

을 따라 읽었지만, 나중에는 개가식 도서관이나 서점에 가서 철학 관련 책을 훑어보다가 괜찮은 책이면 빌리거나 사서 읽는다고 했다. 기분 내키는 대로, 손에 잡히는 대로 책을 읽는 나와는 책 선정 방법도, 수준도 달랐다. 나는 읽고 싶은 책을 마음 가는 대로 읽는 초급 수준의 독서를 하였다면, 동기는 고급 독서를 하고 있었다.

그 후 책을 읽을 때 천천히 이미지를 떠올려가며 읽고, 읽은 후에 정리하려고 의식적으로 노력했다. 물론 쉽지는 않았다. 세상에는 읽고 싶은 책이 너무 많았다. 강의하다 보면 어린 시절의 내 모습을 떠올리게 하는 친구들을 많이 만난다. 나처럼 세상의 모든 지식을 소유하고 싶은 마음에서, 혹은 부모님의 칭찬을 받기 위해서 책을 빨리 읽는 친구들이다.

가끔 학부모들은 다독이 좋냐, 정독이 좋냐 물어본다. 기본적으로 어린 시절에는 여러 책을 두루 보아야 한다고 생각한다. 나처럼 줄거리만 꿰는 건 곤란하지만 그런 나쁜 습관이 없다면 어릴 때는 다독을 권한다. 많이 읽다 보면 좋은 책을 보는 안목도 생기고, 배경지식도 갖출 수 있다. 다독은 다양한 세상을 엿볼 수 있는 좋은 도구이다. 내가 사는 세상에 대해서 알지 못하면 비판적인 사고도 불가능하다. 알아야 생각할 수 있고, 편견에서 벗어날 수 있다.

초등은 다독을 할 수 있는 좋은 시기이다. 다독으로 독서의 기본기를 다지고, 어느 정도 내공이 쌓이면 정독할 만한 가치 있는 책을

찾아 천천히 음미해가면서, 밑줄도 긋고, 좋은 구절은 따로 메모하면
서 읽는 것이 좋다. 이 시기가 지나면 학교 공부에 치여서 웬만하면
책 읽을 시간을 내기가 어려운 것이 우리 현실이다.

읽은 책을 오래 기억하는 법

"지나치게 빨리 읽거나 느리게 읽으면 아무것도 이해하지 못한
다."

- 파스칼

초등 5학년 지민이는 책을 무척 많이 읽는 아이다. 하지만 조금
지나면 책 내용의 대부분을 기억하지 못했다. 독서량에 비해 성적도
좋지 않았다. 물론 독서량이 성적을 좌우하지 않지만, 초등학교 때는
독서량과 성적은 어느 정도 상관관계가 있다. 지민 어머니는 독서 교
실을 방문해 뭐가 문제인지 알아봐달라고 부탁했다.

우선 지민이에게 5학년 수준의 동화책을 한 권을 주고 앞부분을
10분 동안 읽어보라고 했다. 아이의 독서 습관을 보기 위해서였다.
지민이는 제목을 힐끗 보고 나서 본문부터 읽기 시작했다. 짧은 시간
이지만 상당한 분량을 읽어 나갔다. 처음에는 '속독을 배웠나?' 했지
만 그건 아니었다.

성적으로 연결되는 초등 비문학 독서법

10분 뒤에 읽은 내용을 이야기해보라고 했다. 하지만 방금 읽은 글 내용을 잘 떠올리지 못했다. 30쪽에 가까운 책을 읽었는데 배경이나 등장인물 이름 등을 기억하지 못했다. 책을 읽고 제대로 이해하려면 글을 읽는 동안 생각하고 내용과 관련하여 이미지를 떠올려보아야만 한다. 책 표지나 제목은 이야기와 관련된 여러 가지 단서들은 제공한다. 지민이는 그 단서들을 그냥 지나쳤다. 본문을 읽을 때도 이미지를 떠올리지 않고 글자만 읽어 나갔다. 그러니 읽은 내용을 기억하지 못하는 건 당연한 일이었다.

이에 비해 현서는 책을 좋아하고, 읽은 후에도 책 내용을 정확히 기억했다. 사람들은 머리가 좋아서 그렇다고 말했다. 하지만 머리가 좋아도 책 내용을 모두 기억하는 것은 아니다. 현서는 책을 읽으면 그 장면이 머릿속에 떠오른다고 했다. 마치 영화감독이 영화를 찍는 것처럼 읽는 내내 이미지가 떠오른다고 했다. 책을 덮은 후에도 그 이미지가 생생하게 남아 줄거리를 오래 기억할 수 있다고 말했다.

현서는 진 크레이그 헤드 조지의 《줄리와 늑대》의 앞뒤 표지를 보면서 언젠가 보았던 '에스키모 관련 다큐'를 떠올렸다. 그러면서 툰드라 평원에 주인공과 늑대가 있다고 생각하고 책을 읽어 나갔다고 했다. 실제로 《초등학교 독서습관 평생을 좌우한다》(프리미엄북스)의 저자 수잔 짐머만은 책을 읽으면서 시각, 후각, 청각 그리고 촉각 이미지가 떠오르면 글을 3차원적으로 이해할 수 있다고 했다. 책 읽기에 즐거움을 느끼려면 이러한 감각 이미지가 지속적으로 떠올라야 책 읽기에 관심을 갖게 된다. 실제로 책을 읽으면서 감각적 이미지를 떠올릴 수 있는 아이들은 이야기에 재미를 느껴 책읽기를 좋아한다.

반면 아무리 똑똑해도 책을 읽을 때 아무런 생각 없이 글자만 읽으면 책읽기는 귀찮고 재미없는 숙제가 되어 버린다. 우리의 뇌는 정보를 저장할 때 다양한 감각기관을 사용하면 더 기억이 잘되는 특성이 있다. 장면을 상상하게 되면 글자를 읽기만 할 때보다 내용을 더 잘 기억할 수 있다. 거기에 슬프거나, 안타까움과 같이 우리의 감정도 기억하려는 내용과 연관 지으면 기억의 실마리가 될 수 있다. 책을 읽을 때 이미지를 떠올리지 못하면 글자만 읽게 되어 읽어도 금방 잊어버린다. 그러면 책읽기에 재미를 느낄 수 없다.

그럼 어떻게 해야 감각 이미지를 떠올리게 할 수 있을까? 부모가 책을 읽으면서 떠올린 이미지와 생각한 느낌을 들려주면 도움이 된다. 시범을 보여줄 때는 짧은 글을 읽으면서 어떤 이미지가 떠올랐는지, 어떤 기분이었는지 들려주면 이해하기가 쉽다. 예를 들어 루리의 《긴긴밤》(문학동네)을 읽어주고 어떤 모습과 느낌이 들었는지 이야기해준다.

코뿔소 노든의 말년은 극진한 대우를 받는 왕에 가까웠다. 하지만 그건 사람들 생각이고, 노든 자신은 한시도 쉬지 않고 붙어 있는 인간들과 그의 몸을 찔러 대는 바늘들, 그리고 그렇게 매일 똑같이 반복되는 하루를 달갑게 여기지 않았다. 많은 사람들이 노든을 보러 왔다. 그들은 노든을 졸졸 쫓아다니며 노든이 무엇을 먹는지를 확인했고, 노든의 기분이 어때 보이는지 살피고, 노든이 기운이 없을 때에는 다시 기운이 나도록 약을 주었다.

- 루리의 《긴긴밤》(문학동네) 9쪽

"여기는 아마도 동물 병원인가 봐. 주사, 약, 반복되는 일상이라고 하는 걸 보니 어디가 아파서 입원했나 봐. 마치 소독 냄새가 나는 것 같구나. 사람들이 잘 대해 주는데도 노든은 전혀 행복한 것 같지 않구나. 외롭고 쓸쓸해 보여. 이 장면을 읽으니 입원해 있을 때가 생각나는구나. 그때 엄마도 외롭고 쓸쓸하다고 생각했어. 편하게 누워 있지만 건강하게 걸어 다니는 사람들이 부러웠지. 너는 이 장면을 읽으면서 무엇이 떠오르니, 어떤 느낌이 들어?"

이렇게 부모가 시범을 보이는 것만으로도 많은 도움이 된다. 머릿속에 떠올린 이미지는 가능하면 아주 자세히 들려준다. 그 장면을 읽으면서 느꼈던 감정, 떠오른 소리나 냄새 등을 모두 이야기해준다. 그런 다음 역할을 바꾸어 두 문단쯤 읽어준 후 무엇이 떠올랐는지 이야기를 나누어본다. 이렇게 감각 이미지를 떠올리며 읽은 책은 다른 책보다 오래 기억할 수 있다. 감각 이미지를 떠올릴 수 있으면 책에 재미를 붙이게 되고, 상상의 싹도 자라난다.

책 내용을 내 것으로 만드는 나만의 필살기

뇌는 우리가 중요하다고 생각하는 것을 기억한다

공부를 한다는 건 지식에 대한 이해를 바탕으로 완벽하게 기억하는 것을 말한다. 독서도 큰 틀에서 보자면, 공부의 한 방법이다. 독서나 공부의 최종 목적은 책을 통해 얻은 정보를 장기 기억으로 저장해서 필요할 때 써먹기 위함이다. 그런데 대다수는 책을 열심히 읽고도 시간이 지나면 내용 대부분을 잊어버린다. 머리가 나빠서일까? 아니다. 이는 뇌의 에너지 효율과 관계가 깊다. 뇌의 무게는 체중의 2%에 불과하지만, 에너지의 20%를 쓴다. 특히 단기 기억을 장기 기억으로 바꿀 때는 더 많은 에너지를 소비한다. 사정이 이렇다 보니 뇌는 중요하다고 판단한 정보 외에는 가차 없이 삭제해버린다. 여기서 중요한 정보의 판단 기준은 두 가지이다. 바로 자주 이용되는 정보와 마음을 움직인 정보이다. 그러므로 뇌 과학 원리를 독서에 적용하면 책 내용을 오래도록 기억할 수 있고, 필요할 때 마음대로 꺼내 쓸 수 있다.

1. 책 속 밑줄굿기

대표적인 방법은 책을 읽을 때 중요한 부분에 형광펜으로 밑줄굿기다. 이렇게 하면 우리의 눈은 중요하다고 생각하는 부분에 집중하고, 다른 정보보다 중요하다고 생각해 기억으로 남겨둔다. 이렇게 기억된 정보도 반복하지 않으면 중요도가 떨어져 기억 속에서 사라진다. 기억을 강화하는 가장 좋은 방법은 반복 읽기다. 그것도 일정한 간격을 두고(적어도 일주일에 3번 정도 아웃풋) 반복해야 '이건 중요한 정보구나.'라고 생각해 장기 기억으로 저장된다.

그런데 무턱대고 밑줄을 긋게 되면 중요도가 희석된다. 학생들에게 인상 깊은 구절이나 중요한 내용에 밑줄을 그으라고 하면 이것도 중요한 것 같고, 저것도 중요한 것 같아 책 전체를 밑줄로 채운다. 그러면 기억해야 할 밑줄이 많아지고, 어떤 내용이 중요한지 알 수 없다. 중요도도 분산되고 옅어진다. 이렇게 해서는 중요한 내용을 제대로 파악할 수 없다.

밑줄을 그을 땐 전략이 필요하다. 문학책을 읽을 때는 재미있는 묘사나 탁월한 문장, 공감이 가는 문장보다 깨달음이나 새로운 인식을 제공하는 문장에 밑줄을 친다. 재미있거나 빼어난 문장은 글을 쓸 때 인용할 목적으로 따로 갈무리해두면 된다. 새로운 인식을 제공하거나 깨달음을 주는 문장은 성장 측면에서 도움이 된다. 내 생각과 신념을 뒷받침해주는 문장은 읽을 때는 기분이 좋지만, 나를 발전시키지 못한다. 저자의 생각에 동의하기만 하면 발전이 없다. 내 생각과 다르더라도 내 성장에 도움이 되는 구절이 있으면 주저 없이 밑줄을 긋는다. 정보책의 경우 이미 알고 있는 내용은 지나가고, 반복되는 내용은 한 번만 줄을 친다. 새롭게 알게 된 내용에 밑줄을 긋되 표제(소제목)가 달린 절을 다 읽은 후에 처음부터 다시 훑으며 핵심 내용에만 줄을 친다. 내용을 이해했다면, 핵심 내용에만 줄을 쳐도 뇌는 전체를 기억해내는 능력이 있다. 이런 식으로 정리하면 복습할 양이 줄어들어 기억하기 쉽다. 다음은 글을 읽고 중요하다고 생각되는 핵심어에 줄을 친 경우이다.

> 고인돌은 '괴어 있는 돌'이라는 뜻의 우리말로, 청동기 시대의 무덤이에요. 고인돌은 덮개돌 하나의 무게만 해도 수십 톤에 달하는 거대한 것들이 많아요. 고인돌 안에는 사람 뼈 이외에도 토기와 석기 등 청동기 유물들이 함께 발견되기도 하지요. 고인돌의 주인은 많은 사람을 동원하여 큰 무덤을 만들 정도의 힘을 가진 사람이었음을 추측할 수 있어요.

2. 독후감 쓰기 & 책 소개하기

독후감 쓰기는 읽기와 쓰기를 통합하는 활동이다. 줄거리 요약만

이 아니라 내 생각과 느낌을 글로 정리하게 되어 책 내용을 오래 기억할 수 있다. 독후감을 쓰기 위해서는 책을 적극적으로 읽어야 한다. 그런 과정에서 책 내용이 기억에 새겨진다. 학교에서 독후감을 강조하는 이유이다. 문제는 학생들이 독후감 쓰기를 부담스러워한다는 점이다. 이때는 친구들이나 가족 앞에서 발표를 해보는 것도 좋다. 내용을 다른 사람에게 이야기하려면 일단 책 내용을 떠올려야 하고, 그것을 내 말로 정리해야 한다. 다른 사람에게 책 이야기를 하다보면 내용은 저절로 정리된다. 다음은 책 소개 방법이다.

예시)
① 책 제목
② 대략의 내용
③ 책을 읽어서 얻을 수 있는 것(혹은 책을 읽어야만 하는 이유)
④ 읽으면 도움이 되는 나이(이유까지)

3. 책을 읽을 때는 마치 등장인물인 것처럼 읽기

앞에서 '마음을 움직인 정보는 장기기억에 저장된다.'고 했다. 편도체는 감정을 관장하는 뇌 부위다. 기쁘고, 행복하고, 화나고, 슬픈 감정은 모두 아몬드 모양의 편도체에서 생긴다. 편도체 덕분에 우리는 감정을 느끼고, 감정을 통해 기억을 뇌 속에 각인시킨다. 그런데 공교롭게도 편도체는 기억 중추인 해마 바로 옆에 붙어 있다. 이 때문에 편도체가 활성화되면 해마도 덩달아 활성화되어 감정이 담긴 정보는 더 강력하게 기억된다. 실제로 책을 읽을 때 내용에 감정을 입히면 집중력도 올라가고, 기억도 잘 된다.

내 인생의 책은 대학 때 읽은 토머스 하디의 《테스》이다. 주인공 테스는 남자들의 이기심, 도덕적 편견, 순결 이데올로기의 희생양이다. 테스의 순결을 빼앗아 사랑을 얻으려 한 알렉이나 첫날밤 테스의 고백을 듣고 떠나버린 엔젤은 모두 테스를 불행하게 했다. 테스는 사랑을 거절해서 불행했고, 사랑해서 더 불행했다. 읽는 내내 테스를 불행하게 만드는 사람들에게 화가 났다. 같은 여자이고, 가난한 집안의 딸이라는 연대감에서 더 그랬다. 그런데 얼마 전 라디오 프로그램에서 《테스》를 소개했다. 순간 책 내용과 책을 읽던 날의 기억이 생생하게 떠올랐다. 심지어는 밤새 책을 읽고 새벽에 등교하던 장면까지 어제 일처럼 생각났다.

이는 주인공의 처지와 심정에 공감하면서, 즉 테스의 입장이 되어 알렉이나 엔젤을 원망하기도 하고, 테스의 가혹한 운명에 눈물을 흘리기도 하면서 책을 읽었기 때문이다. 격한 감정을 경험하면 뇌에서는 장기 기억에 관여하는 단백질과 신경전달물질이 다량으로 분비된다. 감정이 부정적이든 긍정적이든 가리지 않는다. 예를 들어 학창 시절 1등을 해서 칭찬을 받은 기억이라든지, 반대로 억울하게 누명을 쓰고 혼난 기억은 어른이 되어서도 잊지 못한다. 따라서 책을 읽을 때는 어떤 장르의 책이든 정보로 읽기보다는 '감정을 실어서' 마음으로 읽어야 이해의 폭도 깊어지고, 책 내용을 오래도록 기억할 수 있다. 감정은 관심을 불러일으키고, 의미를 창조하고, 독자적인 기억의 경로를 갖는다.

4. 생생한 이미지의 힘 – 읽은 내용을 이미지로 기억하기

길을 가다 우연히 고등학교 때 친하게 지내던 친구를 만났다. 반가워서 인사를 하려는데 이름이 생각나지 않는다. 직장 동료에게 오래전에 본 영화 얘기를 하는데 줄거리는 생각나는데 배우 이름이나 제목이 가물가물하다. 왜 그럴까? 바로 좌뇌 때문이다. 이는 우뇌가 전달한 정보(이미지)를 좌뇌가 언어로 표현하지 못해서 그렇다. 일반적으로 좌뇌는 언어의 뇌로 말하고, 읽고, 쓰고, 계산하는 등 논리적인 사고를 담당한다. 이에 비해 우뇌는 감성과 공간의 인식을 담당하고, 시각으로 들어온 모든 정보를 전체적으로 파악한다. 우뇌는 감정에 민감해서 예술 활동을 가능하게 한다. 좌뇌와 우뇌는 따로따로 작동하지 않고 함께 작동한다. 예를 들어 '코끼리'라는 글자를 볼 때 단지 글자만을 생각하지 않고, 이미지도 함께 떠올린다. 책을 읽을 때도 마찬가지이다. 지루하게 내용을 따라가기보다 내용을 연상시키는 이미지를 떠올리면 더 재밌게 읽을 수 있고, 오래 기억할 수 있다.

이미지는 뇌가 기억하기 가장 쉬운 정보이다. 단어보다 훨씬 빨리 이해되고, 더 잘 기억할 수 있다. 아무리 복잡한 상황도 명쾌한 이미지로 눈앞에 그리면 이해하기 쉽다. "수천 마디 말보다 그림 한 장이

낫다."라는 말은 이를 증명한다. 연구에 따르면 이미지와 함께 기억된 정보는 89% 정도가 남는다.

책을 읽고 나서 독후감 쓰기가 귀찮다면 내용을 그림으로 표현해 보자. 저학년이라면 독서 감상화도 좋다. 고학년이라면 간단한 글과 그림으로 내용을 요약, 정리하는 '비주얼 싱킹(visual thinking)'이나 개념도 등으로 정리하면 글자만을 읽었을 때보다 이해도 잘되고, 기억도 오래간다. 개념도의 경우 정보의 구조를 시각적 형태로 나타낸 것이므로 내용도 정리되고 기억력도 높일 수 있다. 그림에 자신이 없다면 인터넷에서 여러 가지 이미지를 검색해 중요한 내용을 시각화해 보는 것도 추천한다.

다음은 《임진왜란과 병자호란은 왜?》(푸른숲주니어)를 읽고 청소년들이 내용을 이미지화해서 정리한 것이다.

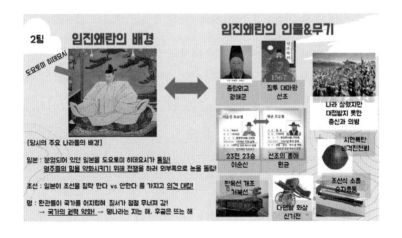

성적으로 연결되는 초등 비문학 독서법

5. 소리 내어 읽기 & 베껴 쓰면서 읽기

책을 눈으로 읽는 것을 '묵독'이라고 한다. 묵독은 동서양을 막론하고 18세기 이후에 일반화된 독서법이다. 이에 비해 소리 내어 읽는 음독의 역사는 제법 길다. 동서양을 막론하고 과거 선인들은 소리 내어 책을 읽었다. 심지어는 소리 내어 읽지 않으면 읽지 않았다고 생각했다.

학창 시절 영어 단어를 소리 내어 외워본 적이 있는 사람은 눈으로만 단어를 외우는 것보다 소리 내어 외우는 것이 더 효과적임을 알 것이다. 정보는 다양한 경로를 통해 처리될 때 더 잘 기억할 수 있다. 예를 들어 글자만 있는 책보다 글과 그림이 함께 나오는 책 내용을 더 잘 기억하는 것은 그림이 시각적 경로와 언어적 경로를 동시에 처리하기 때문이다.

소리 내어 책 읽기도 마찬가지다. 소리 내어 읽기 위해선 눈으로 보고, 귀로 듣고, 입으로 말해야 한다. 즉, 눈으로 읽는 것보다 여러 개의 감각을 동시에 사용해야 한다. 그러면 뇌의 광범위한 영역이 활성화되어 내용이 더 잘 이해되고 더 오랫동안 기억할 수 있다. 또한 눈으로만 읽었을 때보다 천천히 읽게 되어 책에 더 집중할 수 있다. 무엇보다 소리 내어 읽으면 아무 데나 끊어 읽지 않고, 의미 단위로 끊어 읽게 되어 정독할 수 있다. 그러면 내용 이해도 쉽고, 기억에도 오래 남는다. 여기에 감정을 넣어 읽게 되면 금상첨화다.

베껴 쓰기도 책을 읽고 기억하는 좋은 방법이다. 가령 책을 읽고 인상 깊은 구절을 베껴 적는다고 하자. 한 번 읽고, 베껴 적으면서 눈으로 다시 보고, 쓸 때 한 번 더 보게 되어 총 3번 읽게 된다. 그러면 뇌는 자주 반복되는 정보를 중요한 정보라고 인식해서 눈으로 책을 읽었을 때보다 더 오래 기억한다.

소리 내어 읽고, 손으로 쓰고 하는 모든 것이 정보를 더 잘 기억하는 데 도움이 된다. 제대로 이해하고 오래 기억하기 위해서는 소리 내어 읽고, 써야 한다.

6. 새로운 지식에 나를 끼워 넣어 상상하기

학습은 원래 중요한 정보를 습득해서 자신의 생존율을 높이는 데서 출발했다. 더 많이 알수록 생존에 유리했다. 뇌는 자신에게 해당하는 정보라면 그렇지 않은 정보보다 잘 기억한다. 이를 '에고 효과'라고 한다. 즉, 학습 내용에 나와 관계된 무언가를 끼워 넣거나 주인공이 되었다고 상상하면 학습의 효과는 배가 된다. 이를 학습에 응용해보자.

위화도 회군과 4불가론을 외운 나만의 방법은 이렇다. 이성계는 나처럼 비를 싫어하는 사람일 것이다. 나는 이성계로 빙의했다. 장마철에 내리는 비, 설상가상으로 무거운 갑옷을 입고 맞는 비라니. 최영이 나를 골탕 먹이려는 수작일 것이다. 명나라를 치는 것도 그렇다. 아무리 명나라가 신생국이라고 해도 대국이다. 작은 나라가 큰 나라를 치는 것은, 키 크고 덩치 좋은 우리 언니와 나의 싸움에 비교할 수 있다. 언젠가 언니의 횡포에 맞서 대들다가 코피가 터졌다. 그때 겁 없이 덤빈 걸 후회했다.

농번기에 군사를 일으키는 것은 무리다. 우리 할머니는 농번기에는 우리 고양이 다미의 손도 빌릴 정도로 바쁘다고 했다. 그런데 군사를 일으키다니. 그럼 겨울에는 뭘 먹고 살라고. 왜구의 침략! 당연히 많은 군사가 동원되면 한쪽이 허술해지는 법이다. 그때를 노리지 말란 법은 없다.

이성계가 위화도에 도착한 건 장마철이었다. 방수도 안 된 텐트에서 자느라고 다들 고생이 이만저만 아니다. 폭우로 간이변소가 넘치고, 식수로 사용하던 샘물도 잠겨버렸다. 병사들이 설사를 시작했다. 설상가상 무기도 녹슬었다. 최영만 아니면 이렇게 고생할 일도 없을 것이다.

이성계파 사람들은 WE(위)가 화(火)나서 도(도로) 회(핵) 군(군사)를 돌려 개경으로 향한다. 이것이 위화도 회군과 4불가론을 외운 방법이다. 이렇게 외우면 몇 년이 지나도 절대 까먹지 않는다.

첫 문장에 반하게 하라

첫인상은 말 그대로 사람을 처음 볼 때 느껴지는 이미지다. 사람은 0.3초라는 짧은 시간에도 호감, 비호감을 판단하며, 3초 정도면 첫인상이 결정된다. 그래서 무뚝뚝한 인상이나 험악한 인상을 가진 사람들은 불이익을 받기도 한다. 글도 마찬가지다. 글을 읽는 사람들은 생각보다 인내심이 없다. 글의 처음 부분이 재미있거나 자신에게 유익한 정보를 제공해야 읽게 된다. 첫 문장은 '첫인상'과 같다. 사람을 볼 때 얼굴이 먼저 시야에 들어오는 것처럼 글을 읽을 때도 첫 문장에 먼저 눈이 간다. 인상적인 문장은 독자의 눈을 확 붙들어 다음 문장을 읽게 만든다.

《첫 문장에 반하게 하라》(북스넛)의 저자 조셉 슈거맨은 첫 문장에 공을 들여야 하는 이유를 기관차의 움직임에 비유했다. 멈춘 기관차의 차체를 움직이게 하는 데는 엄청난 에너지와 집중력이 필요하다. 그러나 일단 움직이기 시작하면 점차 쉬워진다. 글도 마찬가지이다.

학생들에게 독서토론 후, 독후감이나 서평을 쓰라고 하면 대부분 첫 문장을 어떻게 시작해야 할지 몰라 힘들어한다. 책을 뒤적이기도 하고, 한숨을 쉬기도 한다. 분명 토론에서는 자신의 의견을 똑 부러지게 이야기했음에도 그렇다.

독후감의 첫 문장을 시작하는 방법은 다양하다. 글을 읽으면서 떠올린 질문, 이야기의 시대적 배경, 제목이나 표지에 대한 설명, 주인공의 이력이 특이하다면 이력 소개, 인상 깊은 구절이나 장면, 주제를 아우를 수 있는 속담이나 명언 인용하기 등등 첫 문장에서 다루어야 할 소재는 무궁무진하다.

책을 읽으면서 떠올린 질문으로 시작하기

책을 읽으면서 떠올린 질문은 자신에게 하는 질문일 수 있고, 세상을 향한 질문일 수도 있다. 질문은 필연적으로 생각을 하게 만든다. 정답이든 아니든 상관없다. 질문은 호기심을 불러일으키며 다음 문장을 읽게 만든다. 읽는 사람은 글쓴이의 생각이 자신과 같은지, 혹은 다른지, 다르면 어떻게 다른지 궁금증에서 다음 문장을 읽게 된다. 그리고 다음 문장은 그 질문을 떠올린 이유나 질문에 대한 생각을 풀어가면 된다.

《줄리와 늑대》(대교)는 13살 에스키모 소녀가 툰드라에서 길을 잃고 헤매다 늑대 가족의 도움을 받고 위기에서 벗어나고 그들과 친구가 되는 이야기다. 그럼 이 독후감의 첫 문장은 아래와 같이 시작할 수 있다.

늑대와 인간이 친구가 될 수 있을까? 더구나 늑대의 도움을 받아 극한 상황에서 살아남았다면 믿을 수 있을까? 《줄리와 늑대》(대교)에는 늑대와 우정을 나누고 극한 상황 속에서 살아남은 줄리라는 소녀가 나온다. 줄리는 어떻게 늑대와 친구가 될 수 있었을까? 호기심에서 책을 펼쳤다.

인상 깊은 구절로 시작하기

독자의 호기심을 자극할 만한 질문이 딱히 없다면 어떻게 해야 할까? 사실 정해진 시간 안에 글을 써내야 하는 학생들은 작가처럼 문장 하나에 오래 매달릴 수는 없다. 그럼 '인상적인 문장'이나 '속담', '명언'을 인용하여 글을 풀어나갈 수도 있다. 특히 인상 깊은 구절을 인용하는 것은 내용을 한 번 더 곱씹는 것으로 책을 두 번 읽는 효과를 낸다.

이은용의 《열세 번째 아이》(문학동네)는 로봇과 인간이 공존하는 2075년이 배경이다. 과학이 발달한 미래 사회는 감정보다 이성이 앞서도록 유전자 조작을 해 부모의 입맛에 맞는 아이를 만들어낸다. 주인공 시우도 그런 맞춤 아이다. 더구나 시우는 앞서 만들어진 열두 명의 아이들의 부족한 부분을 보완해 만들어졌다. 13이라는 숫자는 말하자면 제품 번호와 같다. 대부분의 부모들은 앞으로 태어날 자녀가 열세 번째 아이인 시우처럼 되길 바란다. 이런 시우 앞에 2075년형 감정 로봇 레오가 들어오면서, 평온하던 시우의 일상은 깨지기 시작한다.

예시)

> **"엄마의 선택은 처음부터 나를 만들어 나가는 것이었다. 나는 엄마 배 속에서 태어난 아이가 아니라 엄마의 머릿속에서 태어난 로봇 같은 아이였다."**

이 말은 주인공 시우가 한 말이다. 그렇다. 시우는 부모의 입맛대로 계획된 맞춤형 아이다. 철저한 계획하에 설계되어 태어난 시우는 외모에서부터 능력까지 모든 게 완벽하다. 단 하나 감성지수보다 이성지수가 유독 높아 로봇보다 차가운 심장을 지녔다. 반면, 시우의 감정 로봇 레오는 인간처럼 웃고, 인간처럼 슬퍼하고, 인간처럼 분노하는 뜨거운 감정을 지녔다. 책을 읽다 보면 감정 로봇 레오가 더 사람 같다는 생각이 든다.

-《열세 번째 아이》(문학동네)

키워드로 시작하기

초등학교 고학년 이상이면 핵심 키워드를 설명하는 문장으로 첫 문장을 시작하면 글을 수월하게 쓸 수 있다. 키워드는 책을 읽으면서 느낀 점이나 작가가 말하고자 한 바를 요약한 단어이다. 그럼 키워드는 어떻게 파악할 수 있을까? 처음에는 쉽지 않다. 우선 책을 2번 정도 읽고, 작품 전체의 핵심 키워드라고 생각되는 것을 20개 정도 적어본다. 그중에서 다시 중요하다고 생각되는 키워드를 추려본다. 이렇게 10개에서 다시 5개, 3개, 1개로 좁혀간다. 물론 1개로만 작품의 주제를 표현하기 어려울 수도 있다. 그럴 때는 가장 중요하다고 생각하는 키워드를 첫 문단에 놓고 나머지는 중간 부분에서 다루어주면 된다.

예시) '용기' 책을 덮으면서 가장 먼저 든 생각이다. 우리는 살면서 무수히 많은 선택을 한다. 그런데 생각해보면 내 의지대로 하는 일은 거의 없다. 남이 하니까 따라 하거나, 외톨이가 되지 않기 위해 맘에도 없는 행동과 말을 하는 경우도 많다. 그런데 주인공 유이는 남이 비웃든 말든 세상 모든 치킨 맛을 정복한 치킨왕을 꿈꾼다. 최고의 치킨을 만드는 사람도 아닌, 치킨맛을 정복한 치킨왕이라니. 처음에는 저런 것도 꿈이 될 수 있나 황당했지만 읽으면서 유이의 용기에 열렬한 박수를 보내게 되었다. 유이는 자신이 원하는 것을 정확히 알고 있고, 용기도 있었다. 용기가 있는 건 금수저 명품 닭들 앞에서도 기죽지 않은 101호도 마찬가지다. 둘은 서로 많이 닮았다.

－《천하제일 치킨쇼》(비룡소)

신문 기사나 통계 자료 인용하기

사회 현상을 다룬 지식 정보책을 읽고 독후감이나 서평을 쓸 때는 신문 기사나 통계 자료를 인용할 수도 있다. 주장하는 글 형식의 독후감일 경우 근거가 중요하므로 신문에 나오는 통계나 설문조사 결과 등을 자료로 활용하면 사실만을 이야기할 때보다 설득력이 커진다.

예시) 'N번방'은 미성년자를 포함해 수십 명의 피해자들을 협박해 음란 동영상을 찍게 한 뒤 텔레그램 채팅방을 통해 유포한 사건이다. 2020년 이 사건이 세상에 알려지자 국민들은 경악과 공분을 금치 못했다. 당시 피해자의 대부분은 중학생들이었다.

김리하의 《검은 손길, 온라인 그루밍》(크레용하우스)는 이런 온라인상에서 일어나는 성범죄를 다루고 있다. 공부를 못하거나 외모 문제로 교우 관계에 문제가 생길 경우, 아이들은 외롭고 힘든 마음을 위로해줄 누군가를 찾게 된다. 이때 온라인상에서 양언니,

양오빠 등이 친근하게 다가오면 의심하지 않고 빠져든다. 가해자는 그 믿음을 이용해 범죄를 저지르게 된다. '온라인 그루밍'이다. 여기에 나오는 혜주도 그런 피해자 중 한 사람이다.

'5분 마구 쓰기'로
글쓰기의 장벽을 허물다

〈파인딩 포레스터〉는 꿈과 글쓰기에 관한 영화다. 포레스터는 단한 권의 책으로 퓰리처상을 수상했다. 그는 빈민가에 사는 자말의 문학적 재능을 알아보고 글쓰기에 대해 이렇게 말한다. "일단 쓰라고, 아무 생각도 하지 말고, 그냥 쓰라고, 우선 가슴으로 초안을 쓰고, 머리로 다시 쓰라고. 작문의 첫 번째 열쇠는 생각이 아니라 그냥 쓰는 거라고."

강의하다 보면 말 잘하는 학생들을 많이 만난다. 어쩜 그리 논리 정연하게 자신의 주장을 펼치는지 깜짝깜짝 놀라곤 한다. 그런데 발표한 내용을 글로 옮겨 써보라고 하면 어려워한다. 분명 조리 있게 말을 잘하는데도 말이다.

이는 인간의 뇌 작동 원리와 관계가 깊다. 사람의 뇌는 우뇌와 좌뇌로 구분되어 있다. 우뇌는 창의적이고 충동적이고 즉흥적이며 무의식적이다. 무의식은 삶의 대부분을 조종하는데, 의지와는 상관없이 자동으로 작동한다. 아름다운 풍경을 보고 감동하거나 부담 없이 다른 사람들과 수다를 떠는 행위는 우뇌가 한다. 반면 좌뇌는 논리적이고 분석적이며 순차적이다. 아름다운 풍경을 보고 "와우, 정말 근사한데!"라며 말하는 행위는 우뇌의 영역이다. 반면 좌뇌는 이렇게 말한다. "무엇이 근사한지 설명해볼래?" 결국 사람은 의지대로 사는 것처럼 보여도 우리를 조종하는 것은 좌뇌와 우뇌이다.

이를 글쓰기에 대입해보면 글을 쓰려고 할 때 좌뇌는 정돈된 내용으로 형식에 맞게 쓰라고 윽박지른다. 그 결과 지웠다 썼다를 반복하며 글쓰기는 제약을 받는다.

글을 쓰기 위해서는 떠오른 생각을 수다떨 듯이 일단 글로 옮기는 것이 중요하다. 포레스터가 지적한 것처럼 일단 문법, 형식, 내용에 상관없이 생각나는 대로 써야 한다. 좌뇌의 충고는 무시하고, 우뇌가 시키는 대로 떠오르는 생각을 써나가는 게 중요하다.

처음 글쓰기에 입문하는 학생들에게 딱 5분 동안 글을 써보자고 한다. 우뇌를 이용한 일명 '5분 마구 쓰기'이다. 5분은 딱 한 문단을 쓸 수 있는 시간이다. 5분만 집중해서 떠오르는 생각을 쓰자고 하면 누구나 거부감 없이 펜을 든다. 내용이 말이 되든 안 되든 신경 쓰지 않고 맞춤법도 무시한다. 쓴다는 사실이 중요하다. 생각의 멈춤 없이 쭉 써나가는 것이 포인트다.

얼핏 보면 짧은 시간에 얼마나 글을 쓸 수 있을까 하지만 멈추지만 않는다면 생각보다 긴 글을 쓸 수 있다. 일반적으로 5분 동안 학생들은(초4~고등학생) A4용지 반바닥 넘게 지면을 채운다. 다음은 좌뇌를 이용해 쓴 문장을 늘리고 다듬는다. 시간은 대략 20분 정도 걸린다. 이런 연습을 3개월만 하면 학생들의 글은 놀라보게 좋아진다. 여기까지가 초급 글쓰기 과정이다. 피아노로 치자면 바이엘을 마친 것과 같다.

처음 쓸 때는 글감의 범위를 정해주어라

글쓰기를 가르치다 보면 무엇을 어떻게 쓰는지 몰라 우왕좌왕하는 아이들을 많이 본다. 분명 책을 읽고 토론까지 마쳤는데 글을 쓰라고 하면 무엇을 써야 할지 고민한다. 가만히 놔두면 밤샘을 할지도 모른다. 이때 몇 개의 글감을 정해주면 이외로 글을 쉽게 시작한다.

다음은《체리 새우 : 비밀 글입니다》(문학동네)을 토론하고, 글쓰기를 안내하는 글이다.

《체리 새우 : 비밀 글입니다》을 읽고 여러분은 어떤 생각을 했나요? 글을 쓸 주제는 아주 풍부합니다. 왕따를 다룬 다른 작품과 어떤 점이 다른지 비교하는 글을 쓸 수도 있습니다. 인상 깊은 구절에 대한 자신만의 생각을 써도 좋습니다. 근거를 들어 책에 평점을 매기는 것도 가능합니다. 진정한 우정이 무엇인지를 논하거나 토론하면서 느낀점(다른 사람들의 생각과 내 생각이 어떻게 다른지)를 써도 좋습니다. 이외에도 좋은 아이디어가 있으면 그것을 써도 무방합니다. 단, 문단으로 써주세요. 문단이란 하나의 중심 문장에 여러 개의 보조문장이 있는 것을 말합니다. 쓴 다음에는 글 다듬기도 같이 해주세요. 좋은 글은 읽기 쉽고 이해하기 쉬운 글입니다. 명심하세요.

그냥 잘 쓰라고 말하는 것보다 이렇게 구체적으로 글감을 제시해주면 글쓰기가 수월해진다. 친절하게 예시 글도 보여준다. 기죽지 않을 수준으로. 다음은 《체리 새우 : 비밀 글입니다》을 토론하고 '5분 마구 쓰기'를 한 중학생의 글이다.

친구가 마치 내 세상의 전부인 것처럼 느껴지는 중학생의 심리를 너무나도 잘 묘사한 작품이다. 중학생의 공감을 끌어내는 용어들을 중간중간 사용한 점이 마음에 들어 별점 4.1점을 주고 싶다. 친구 관계 때문에 마음고생하고 있는 친구, 홀로 다니는 게 마음 편하지만 주변의 시선 때문에 억지로 무리에 껴서 다니는 친구가 스스로 마음을 치유하고 홀로서기를 도와줄 수 있는 책이다. 이 책을 대한민국의 중학생들에게 추천한다.

- 중3 여학생

글쓰기를 할 때 지켜야 할 몇 가지 규칙들

마구 쓰기가 끝나면 몇 가지 규칙을 가르치고 글을 다듬는다. 말을 덧붙이거나 문장 자체를 삭제하기도 하고, 상황에 따라 단락의 순서를 바꾸기도 한다. 규칙은 다음과 같다.

첫째, 문단으로 쓰기

글을 쓸 때는 항상 문단으로 쓴다. 문단은 중심 문장과 몇 개의 보조 문장(뒷받침 문장)으로 이루어진다. 문단은 '식탁'에 비유할 수 있다. 식탁은 상판과 네 개의 다리로 이루어졌다. 상판이 없어도, 다리가 하나 없어도 식탁은 제 구실을 못한다. 문단도 이와 같다. 즉, 중심 문장과 보조 문장이 조화를 이루어야 제대로 된 문단이라 할 수 있다. 하나의 중심 문장에 4개 정도의 보조 문장을 쓰면 좋겠지만, 수준이 천차만별이라 2~3개만 적으라고 일러준다.

둘째, 단문으로 쓰기

문장을 쓸 때는 특별한 경우가 아니면 한 문장이 노트의 한 줄 반을 넘지 않도록 당부한다. 단문 쓰기이다. 글쓰기를 지도하다 보면 한 문장이 3~4줄이 되는 경우를 종종 본다. 그런데 글이 길어지면 비문을 쓸 확률이 높아진다. 단문은 읽기도 편하고 내용도 쉽게 들어온다. 한 문장에는 하나의 이야기나 아이디어만 넣으면 글이 길어지지 않는다.

예시) 오늘 뒤돌아보고 느낀 점이 많은 만큼 나의 언행을 바꾸려고 노력해서 내 입에서 나오는 단어, 문장 하나하나가 남에게 상처가 되지 않고 도움이 됐으면 좋겠다는 생각이 들었다.

고친 글) 오늘 뒤돌아보고 느낀 점이 많다. 나의 언행을 바꾸려고 노력해야겠다. 내 입에서 나오는 단어, 문장 하나하나가 남에게 상처가 되지 않고 도움이 되었으면 좋겠다.

셋째, 이어주는 말 빼주기 & 같은 말 중복 금지

이어주는 말은 문장과 문장 사이에 놓여 두 문장을 자연스럽게 이어주는 징검다리 역할을 하는 말들이다. '그리고', '그래서', '그러나', '그러므로', '왜냐하면', '그런데', '한편', '그렇지만', '또는' 등이 그것이다. 글쓰기에 익숙하지 않은 아이들의 경우 무의식적으로 이어주는 말을 많이 쓴다. 이 경우 글을 다 쓴 후에 이어주는 말을 괄호 속에 넣고 문장을 읽어보면 넣어야 할지 아닌지 분명해진다. 같은 말이 반복되는 경우는 비슷한 의미를 가진 다른 말로 바꾸어 주면 글이 살아난다.

넷째, 쓴 글은 소리 내어 읽어보기

글을 쓰고 나서는 반드시 소리 내어 읽어본다. 눈으로 읽는 글과 소리 내서 읽는 글은 다르다. 눈으로는 전혀 어색하지 않은 글인데,

성적으로 연결되는 초등 비문학 독서법

읽어보면 어색한 경우가 종종 있다. 글이 매끄럽지 않아서이다. 주어와 술어가 호응하지 않을 때, 쓸데없이 추상적이거나 어려운 단어를 사용할 때, 의미 없는 말을 계속 반복할 때 글을 읽는 독자는 글 속에서 길을 잃게 된다. 좋은 글은 읽기 쉽고 이해하기 쉽다.

많이 써보고 읽어야 는다

아무리 훌륭한 생각이라도 글로 쓰지 않으면 소용이 없다. 일단은 생각을 글로 써보아야 고칠 것도 생긴다. 일기를 쓰든, 블로그에 글을 올리든 어떤 식으로든 기회를 만들어 글을 써보는 것이 중요하다. 글을 잘 쓰는 사람이라도 초고는 엉망이다. 엉망인 원고에 말을 덧붙이거나, 문장의 순서를 바꾸거나, 문장 자체를 지우거나 하는 과정을 거쳐 마침내 완성된 한 편의 글이 탄생한다. 좋은 글을 쓰려면 많이 읽고 경험하고 생각해야 한다. 아는 것이 없으면 생각의 연결 고리가 짧아 앞으로 나아가지 못한다. 책 읽기는 좋은 글을 쓰기 위한 기초 작업이다.

줄거리 요약이
생각보다 중요한 이유

"○○이는 책 재미있게 읽었나요?"

"네, 재미있게 읽었어요."

"그럼 어떤 내용인지 이야기해볼까요?"

"자신에 대한 불만 한 가지씩을 써내라는 선생님을 말씀을 듣고 현수는 그러니까 현수가…."

《4학년 5반 불평쟁이들》(책읽는 곰)을 읽고 토론할 때 벌어진 광경이다. 분명 열심히 재미있게 읽었는데 내용을 말하라고 하면 말끝을 흐리거나 중심 내용과는 상관없는 엉뚱한 이야기를 하는 경우가 있다. 듣는 사람도 말하는 사람도 답답하다. 무엇이 중요한지 모르기 때문이다.

《대통령의 글쓰기》(메디치미디어) 저자 강원국은 "요약을 잘하는 자가 세상을 움직인다."라고 했다. 이 말은 요약을 잘하면 그만큼 성공

할 확률이 높다는 의미다. 요약을 잘한다는 것은 어떤 사물이나 사실에 대해 본질을 파악해 정의를 내릴 수 있고, 말하고자 하는 내용을 머릿속으로 그려 도식화, 시각화할 수 있는 능력을 갖추었다는 뜻이다. 즉, 배운 것을 잘 소화해 내 생각으로 정리할 수 있음을 의미한다.

대체로 요약을 잘하는 학생들은 책도 잘 읽고 공부도 잘할 확률이 높다. 줄거리를 요약해오라는 숙제도 결국 전체 내용을 얼마나 제대로 이해했는지, 핵심 내용을 잘 파악해 간추릴 수 있나를 알아보고 훈련하기 위함이다. 책을 읽는 만큼 중요한 것은 내용을 내 말로 정리해서 써보는 것이다. 요약하다 보면 책 내용을 전체적으로 파악할수 있다.

요약을 잘하려면 여기저기 흩어진 정보 중에서 중요한 것을 잘 가려내야 한다. 저학년 때 읽는 글은 어휘도 쉽고 문장의 구조도 단순하며 글의 길이도 짧다. 반면 고학년으로 올라갈수록 어휘도 어려워지고 문장의 구조나 글의 길이도 길고, 글에 나타나 있지 않은 저자의 의도까지 파악해야 한다. 그러기 위해서는 어릴 때부터 분석적으로 글을 읽는 연습을 해야 한다.

요약할 때는 말이나 글이 어떤 내용, 어떤 흐름(짜임)으로 전개하고 있는지 파악한 다음, 전하고자 하는 내용을 자신의 언어로 재구성할 수 있어야 한다. 이때 글의 짜임을 이해하면 효과적으로 요약할 수 있다. 글의 짜임이란 글쓴이의 생각, 의견, 사상 등을 효과적으로 전달하기 위해 알맞은 방법으로 구조화한 논리적 형식을 말한다. 글의 짜임은 글의 종류와 유형에 따라 조금씩 다를 수 있지만 대체로 일정한 짜임을 갖는다. 설명문은 '머리말 – 본문 – 맺음말'로, 논설문은 '서론 – 본론 – 결론'으로, 이야기글은 '발단 – 전개 – 절정 – 결말'로 구성된다. 따라서 글의 종류와 유형을 알면 요약하기가 쉬워진다.

글의 짜임을 파악했다면 처음부터 끝까지 잘 읽어야 한다. 어려운 부분이 나와도 일단은 끝까지 읽는 데 목표를 둔다. 그러기 위해서는 수준에 맞는 책을 고르는 게 중요하다. 너무 어려우면 흥미를 떨어뜨려 재미에서 멀어지게 된다. 무엇보다도 책 읽는 즐거움이 먼저이다.

이야기 글을 요약할 때는 이야기 구조와 구성 요소를 알아야 한다. 《국어 6-1 (가)》 2단원 〈이야기를 간추려요〉에는 이야기 구조가 나온다. 이야기 구조란 이야기 전체를 이루는 요소와 요소들 사이의 관계이다. 즉, 이야기의 요소인 인물, 사건, 배경 등의 요소들이 어떻게 관계지어졌는지 설명하는 것이 이야기 구조이다. 이는 글의 내용을 효과적으로 전달하기 위해 사용하는 관계들의 그물망이다.

교과서에 제시된 이야기의 구조는 발단, 전개, 절정, 결말로 되어 있다. 발단은 이야기의 사건이 시작되는 부분으로 인물, 배경이 소개된다. 전개는 사건이 본격적으로 일어나고 갈등이 일어난다. 절정에서는 갈등이 극에 달하며 긴장감이 높아진다. 결말에서는 사건이 해결되고 이야기는 끝을 맺는다.

요약할 때는 이야기의 구조를 생각하며 각 부분에서 중요한 내용

성적으로 연결되는 초등 비문학 독서법

이 무엇인지 찾아야 한다. 그러기 위해서는 중요하지 않은 내용은 삭제하고, 중요한 사건이 일어난 원인과 그에 따른 결과를 찾는다. 여러 사건이 얽혀 있을 때는 관련 있는 사건은 하나로 묶는다.

이야기 구성 요소란 이야기 글에서는 없어서는 안 될 필수 요소인 인물, 사건, 배경을 말한다. 대체로 짧은 이야기는 인물, 사건, 배경으로 정리할 수 있다. 긴 이야기의 경우 인물도 여러 명이고, 사건도 여러 개가 나온다. 여러 사건과 인물이 얽히면서 이야기가 길어진다. 이렇게 긴 이야기를 이해하기 위해서는 이야기 문법을 알아야 한다. 이야기 문법을 이해하면 이야기를 쉽게 이해하고, 기억할 수 있어 효과적으로 요약할 수 있다.

이야기 문법이란 이야기가 지닌 내적 구조를 지배하는 일련의 규칙을 말한다. 잘 구성된 이야기는 이야기 문법 구조에서 크게 벗어나지 않는다. 스타인과 글렌(Stein & Glenn)에 따르면, 이야기는 크게 배경과 일화(에피소드)로 구성된다. 일화는 다시 계기가 되는 사건(발단), 내적 반응, 시도, 결과, 반응의 카테고리로 구조화된다. 러멜하트(Rumellhart)와 스타인과 글렌은 이야기 문법에 기초하여 다음과 같은 질문을 만들었다. 언제, 어디에서, 누구에게 일어난 이야기인가?(배경), 사건의 시작은 무엇이었나?(발단), 주인공은 이 사건에 대해 어떻게 생각했나?(내적 반응), 주인공은 사건을 해결하기 위해 무엇을 했나?(시도), 주인공의 행동의 결과는 어떠했나?(결과), 결과에 대해 주인공은 어떤 생각을 하였나? 혹은 이야기는 어떻게 끝났는가?(반응) 이야기를 읽고 이 여섯 가지의 질문에 답할 수 있다면 내용을 잘 이해한 것이라고 할 수 있다.

이야기 구조 요소		이야기 부분의 내용
배경		언제, 어디에서, 누구에게 일어난 이야기인가?
일화	발단(사건)	이야기에서 사건의 시작은 무엇이었나?
	내적 반응	주인공은 이 사건에 대해 어떻게 생각했나?
	시도	주인공은 사건을 해결하기 위해 무엇을 했나?
	결과	주인공의 행동의 결과는 어떠했나?
	반응	결과에 대해 주인공은 어떤 생각을 하였나? 이야기는 어떻게 끝났는가?

즉, 이야기에는 인물과 배경이 나오고, 인물이 어떤 사건(발단)을 겪고, 무언가 중대한 결심(내적 반응)을 한다. 결심에 따라 실천(시도)을 하면 어떤 결과를 얻는다. 이야기 구조 요소에 따라 《국어 4-1 (가)》 2단원의 〈나무 그늘을 산 총각〉의 줄거리를 요약하면 다음과 같다.

욕심쟁이 부자 영감 집 옆에 큰 나무가 있었다(배경). 총각이 나무 그늘에서 잠을 자자, 영감이 돈을 요구했다(사건의 발단). 총각은 영감을 혼내줄 생각으로 나무 그늘을 샀다(초기 반응). 그늘을 핑계로 총각은 영감의 집을 들락거렸고 급기야는 마을 사람들까지 불러들였다(시도). 영감은 나무 그늘을 되사려 했지만, 총각은 팔지

않았다. 소문이 퍼지자 마을 사람들은 부자를 놀렸다(결과). 부자
는 떠나고, 집과 나무 그늘은 마을의 쉼터가 되었다(반응).

알아두면 도움이 되는 또 다른 요약법

✏️ 차례를 기억해서 글 전체를 떠올려라

줄거리를 요약할 때 차례를 이용하면 줄거리를 쉽게 정리할 수 있
다. 차례는 줄거리의 골격이다. 순서대로 연결하면 내용을 떠올리기
쉬울 뿐만 아니라 전체의 내용을 정리할 수 있다. 다음은 《긴긴밤》(문
학동네)의 차례에다 살을 붙여 줄거리를 정리한 것이다.

① 코끼리 고아원 - 코뿔소 노든은 코끼리 고아원에서 어린 시절
   을 보냈다.
② 뿔 없는 코뿔소 - 뿔 사냥꾼의 손에 아내와 딸을 잃고 동물원에
   들어간다. 동료 코뿔소가 뿔 사냥꾼에 의해 살해 당하자, 노든
   은 지구상에 하나 남은 흰바위코뿔소가 되었다. 사람들은 안전
   을 위해 노든의 뿔을 자른다.
③ 버려진 알 - 파라다이스 동물원에 버려진 펭귄알을 치쿠와 윔
   보가 돌보아주었다.

④ 파라다이스 – 전쟁이 터지자 동물원은 파괴되고 치쿠는 알을 들고 탈출하다 노든을 만난다.

⑤ 첫 번째 기억 – 기력이 다해 치쿠는 죽고, 대신 노든이 알을 품자, 얼마 뒤 펭귄이 태어난다.

⑥ 망고 열매 색 하늘 – 노든은 아기 펭귄에게 생존법을 가르쳐주고, 무리를 찾아 바다로 향한다.

⑦ 코뿔소의 바다 – 여행 도중 노든은 병이 나고, 아기펭귄과도 헤어진다.

⑧ 파란 지평선 – 고생 끝에 마침내 아기펭귄은 바다에 도착한다.

코뿔소 노든은 뿔 사냥꾼에 의해 아내와 딸을 잃었다. 노든도 크게 다쳐 파라다이스 동물원으로 옮겨져 치료를 받고, 그곳에서 살게 된다. 함께 살던 코뿔소가 뿔 사냥꾼에 손에 죽자 안전을 위해 사람들은 노든의 뿔을 자른다. 노든은 세상에 하나밖에 없는 흰바위코뿔소가 되었다.

그즈음 동물원에 버려진 펭귄알을 단짝인 치쿠와 윔보가 돌보았다. 전쟁이 터지자 동물원은 파괴되고, 윔보도 죽는다. 알을 데리고 탈출한 치쿠는 노든을 만나 떠돌아다닌다. 기력이 다한 치쿠는 죽고, 노든이 알을 돌보게 되었다. 어느 날 펭귄이 태어나고, 노든은 아기 펭귄의 무리를 찾아주고자 바다를 향해 길을 떠난다. 여행 중 노든은 병이 나고, 아기 펭귄은 노든과 헤어져 마침내 바다에 도착한다.

성적으로 연결되는 초등 비문학 독서법

✏️ 전체에서 부분으로, 부분에서 전체로 글 전개하기

다른 방법은 전체에서 부분으로, 부분에서 다시 전체로 확장하는 방법이다. 분량은 5~6문장 정도가 적당하다. 첫 번째 문장은 간단한 책 소개, 두 번째 문장에서 네 번째 문장까지는 책의 핵심적인 내용이나 주요 사건을, 마지막에는 작가가 독자에게 전달하고자 하는 바가 무엇이었을까를 생각해보는 문장으로 구성한다. 주로 옛이야기를 요약할 때 요긴하다.

정보책 요약하기

정보책의 경우 두 부분으로 나누어 요약한다. 하나는 새롭게 알게 된 지식을 정리하여 요약하고, 다른 하나는 이미 알고 있는 부분에서 추가하여 알게 된 사실을 나누어 각 부분을 요약한다. 이때 알게 된 정보와 그 정보를 접했을 때 들었던 궁금증이나, 이미 알고 있던 지식과 새로운 지식을 비교해 정리하면 더 좋다.

예시) 거미 버섯은 주로 땅속에 집을 짓고 사는 거미의 몸에 기생하여 자라며, 버섯이 자라면 거미를 뚫고 나온다. 죽은 거미는 새하얀 균사로 뒤덮이고, 거미 버섯은 막대 모양의 자실체가 되어 땅

위로 솟아오른다. 이처럼 다른 생물체의 몸속에 기생하여 자라는 버섯을 '동충하초'라 한다. '동충하초' 말은 들었지만, 거미와 관계 있는지 몰랐다. 그런데 참 궁금하다. 어떤 식으로 땅속 거미의 몸에 붙을 수 있을까? 대체 거미 버섯의 씨앗은 어떻게 생겼길래 움직이는 거미에 기생할 수 있을까? 사람이 기생충 알을 음식을 통해 섭취하듯 먹이의 형태로 몸속으로 들어가는 걸까?

－《열려라 거미나라》(지성사)

인물 이야기는 인물의 일대기, 중요한 일화, 사건을 중심으로 정리한다. 첫 번째 문단은 인물의 일대기를, 3~4문단은 인물의 일화나 주요 사건 중심으로 정리하면 좋다. 이때 동시대 혹은 같은 분야에서 활동한 다른 인물과 비교하면 공통점과 차이점을 통해 인물의 특성이 더 뚜렷하게 드러날 수 있다.

요약한 줄거리 고치기

'내 눈에 대들보는 못 보고 남의 눈에 티끌만 보인다.' 글을 고칠 때 대부분이 저지르는 실수이다. 대체로 자기가 쓴 글은 자꾸 읽다 보면 그럴듯해 보여 고치기 쉽지 않다. 줄거리 간추리기를 할 때는 엉성하게 쓴 줄거리를 주고 고쳐보게 한다. 이때 세 부분을 집중해서 가르친다. 필요 없거나 불필요한 문장 없애기, 같거나(비슷하거나) 중복되는 내용 합치기, 빠진 부분 보충하기. 일명 '없애고, 합치고, 더하기'이다.

연습용 글은 이전에 읽었거나 배운 내용으로 2편 준비한다. 이때 가능하면 배운 이론을 실습할 수 있게 엉성하게 만들어야 한다. 그런 다음 한 문장씩 읽어가며 수업을 진행한다.

"자~ 이 문장은 없애고, 합치고, 더하기 중 어느 것을 해야 할까요?"라고 물어가며 글을 고친다. 대개 빼기는 무리 없이 잘한다. 문제는 합치기와 더하기다. 글을 읽다 보면 한 단어의 의미가 다른 단어의 의미를 포함하는 상하 관계의 단어들이 있다. 같은 단어는 아니지만, 공통적인 성질을 지닌 비슷한 단어들이 반복되는 경우이다.

이때 비슷한 의미를 가진 단어를 아우르는 단어를 '상위어'라고 한다. 예를 들어 우리 조상이 만들어 먹던 엿, 강정, 약과, 다식은 모두 한과에 속한다. 여기서 한과는 상위어이고, 엿, 감정, 약과, 다식은 하위어이다. 상위어는 하위어를 포괄하며, 하위어는 여러 개의 상위어를 가질 수 있다. 예를 들어 사과의 상위어는 과일도 될 수 있고, 식물도 될 수 있다. 따라서 상위어일수록 영역이 넓고 포괄적이며 일반적이다. 이를 표로 정리하면 다음과 같다.

상위어와 하위어

일반적, 포괄적	구체적
상위어	하위어
한과	엿, 감정, 약과, 다식
학용품	연필, 지우개, 노트, 볼펜, 가위, 필통
꽃	국화, 모란, 채송화, 과꽃, 해바라기, 민들레

합치기를 할 때는 단어들을 다 포함할 수 있는 '상위어'로 정리하면 기억하기도 쉽고 요약도 수월하다. 예를 들어 놀부의 성격을 설명할 때, 물동이 쳐서 떨어뜨리고, 불난 집에 부채질하고, 우는 아이 볼기치기 등을 일일이 나열하는 것보다 '심술궂다'라는 상위어로 대체하면 기억도 잘 나고 정리도 쉽다.

다음은 더하기이다. 더하기는 핵심 줄거리나 중심 생각이 될 수도 있다. 핵심 줄거리란 이야기를 이끌어가는 데 꼭 필요한 이야기의 구성 요소들을 말한다. 〈나무 그늘을 산 총각〉에서 부자 영감이 총각한테 돈을 내라고 한 대목은 글의 핵심 줄거리이다. 만약 부자 영감이 돈을 내라고 하지 않았다면 이야기 자체는 성립되지 않는다. 이에 비해 중심 생각은 작가가 글을 통해 나타내려는 생각을 말한다. 흔히 '주제'라고 한다. 〈나무 그늘을 산 총각〉의 주제는 '욕심을 부리지 말라.'다.

지식 정보글은 저자가 나타내고자 하는 중심 생각과 중심 내용이 대부분 일치한다. 반면 이야기글의 경우 중심 내용과 중심 생각이 다른 경우가 많다. 따라서 줄거리를 요약할 때는 작가가 전달하고자 하는 '중심 생각'을 찾는 일이 중요하다. 이를 위해선 책을 꼼꼼히 읽어 중심 내용이 무엇인지 파악해야 하고, 그것을 바탕으로 중심 생각을 찾으면 된다.

빼고, 합치고, 더하기가 끝난 후에 해야 할 일은 글다듬기이다. 글다듬기는 소리 내어 읽어가면서 한다. 소리 내어 읽다 보면 보이지 않던 틀린 문장이 보인다. 단, 글씨체나 맞춤법, 띄어쓰기와 같은 문법적인 부분은 일일이 지적하기보다 간단히 언급하고 지나가야 부담이 덜하다.

이미지 속
숨은 생각을 맞혀볼까

"부모님은 여러분에게 어떤 존재인가요?"

토론 수업 때 초등학생들에게 던진 질문이다. 누군가 갑자기 이런 질문을 던졌다면 우리는 부모님의 존재를 어떤 말로 설명할 수 있을까? 여러 가지 생각이 떠오르겠지만 선뜻 대답하기 어려울 것이다. 아이들도 마찬가지다. 갑작스러운 질문이기도 하고, 여러 사람 앞에서 속마음을 드러내는 것이 쑥스럽기도 하다.

그렇다면 여러 장의 사진을 펼쳐 놓고 "이 사진 중에 엄마 혹은 아빠에 대한 여러분의 생각을 잘 표현한 사진을 한 장을 고르고, 이유를 포스트잇에 써 주세요."라고 말한다면 어떨까? 발표에 대한 부담, 내 마음을 꺼내 보인다는 부담은 훨씬 줄어들 것이다.

사진 이미지는 우뇌를 자극하여 우리가 보고 듣고 느낀 것에 대해 반응하게 하며, 감성과 상상력을 자극한다. 전달하고자 하는 의미를 쉽게 표현해 줄 뿐 아니라 사람들의 마음마저 움직이게 만든다.

수업에서 즐겨 사용하는 '이미지 프리즘 씨앗 카드(이하 이미지 카드)'는 자신의 생각과 느낌을 사진에 빗대 구체화하도록 도와주는 도구이다. 일출 모습 등 자연현상에서부터 아기를 안은 엄마 등 인간의 관계와 활동을 보여주는 63개의 사진으로 구성되어 있다. 창의성의 촉진하고 소통을 원활하게 하기 위한 목적으로 교구 제작·판매 회사인 '학토재(개발자: 뇌교육 전문가 하태민 박사)'에서 만들었다.

나는 이 카드를 처음 사용했던 그때를 잊을 수 없다. 초등학교 5학년인 큰아이 친구들과 함께 앤서니 브라운의 《돼지책》(웅진주니어)으로 토론할 때였다. 질문 중 하나가 '나에게 엄마, 아빠는 어떤 존재인가요?'였다. 당시 큰아이는 사춘기에 접어들어 매사 엄마와 부딪히는 때였다. 그때 아이는 두 개의 사진을 고르고 이유를 다음과 같이 설명했다.

아빠　저 태양처럼 늘 나를 항상 지켜봐주는 존재이다. 평소에는 잘 모르지만 없으면 안 되는 사람이다. 태양이 없으면 살 수 없듯이 아빠도 평소에는 잘 느끼지 못하지만 없으면 안 되는 꼭 필요한 존재이다.

엄마　엄마는 나를 훈련시키고, 내가 도움이 필요할 때 손을 잡아주는 사람이다. 나를 이끌어주는 사람이 엄마이다.

아마 이미지 카드가 아니었다면 아이는 저렇게 근사한 생각을 해낼 수 있었을까? 장담할 수 없다. 이미지 카드를 통해 부모에 대한 아이들의 생각을 확인하는 일은 "원더풀" 그 자체였다. 아이들의 발표를 들으면서 속으로 "심봤다!"를 외쳤다. 아이들 입에서 그런 멋진 말들이 쏟아져 나온다는 게 신기하기만 했다.

이미지 카드의 활용도는 무궁무진하다. 수업 전 아이들의 기분이나 상태를 묻기로 하고, 책을 읽은 느낌은 물론 핵심 키워드를 정의하는 데도 사용할 수 있다. 토론 마무리 단계인 성찰에도 요긴하게 쓰인다.

이미지 카드 사용법은 간단하다. 보통 4~5명이 테이블에 앉아 있으면 이미지 카드를 무작위로 뽑아 7~8장 정도를 늘어놓는다(너무 많이 주면 고르느라 시간이 걸린다). 적정 카드 숫자는 인원수+3장이 적당하다. 꼭 이미지 카드가 아니어도 좋다. 인터넷에서 마음에 드는 사진을 출력해서 써도 된다. 사진을 쭉 늘어놓고 책을 읽은 느낌을 가장 잘 표현한 사진을 한 장 고르고 그 이유를 포스트잇에 써보라고 한다. 처음에는 교사가 시범을 보인다. 그러면 "이게 뭐지?" 하던 아이들도 어렵지 않게 사진을 고르고, 고른 이유를 포스트잇에 쓴다. 말로 생각을 표현하는 것은 어렵지만 사진 이미지에 빗대면 아이들 무의식 속의 생각도 끄집어낼 수 있다.

나는 며칠 전에 읽은 문자 텍스트의 내용은 잘 기억나지 않지만 몇 년 전에 읽은 《책과 노니는 집》(문학동네)의 '뾰로통한 낙심의 얼굴'이라든가, 봄날 벚꽃이 휘날리는 도리원에서의 연회 장면'은 생생하게 기억한다. 이는 우리의 뇌가 논리나 규칙보다 이미지를 더 좋아하고, 잘 기억하기 때문이다. 이미지 카드는 개인적인 경험과 학습된 것을 끄집어내도록 기억을 자극하는 훌륭한 도구이다. 사진을 통해 떠오르는 대상이나 경험을 읽은 책과 연결하여 무의식 속에 감추어진 생각을 끄집어내도록 도와준다. 이미지 그 자체보다는 그것을 봄으로써 다른 것을 상상할 수 있도록 한다. 이미지 카드는 보는 사람의 상상력을 자극해서 그 사람 나름의 해석을 하고, 즐기도록 하는데 있다. 같은 이미지를 보고도 전혀 다른 생각과 경험을 떠올리는 것이 이 카드의 매력이다.

사진들을 보면서 어떤 개념을 떠올리는 것은 우뇌와 좌뇌가 상호작용을 하기 때문이다. 즉, 이미지 카드의 사진들은 일차적으로 시각을 통해 우뇌로 들어와 인식되며, 이차적으로 이에 대한 의미 부여와 비유 등의 활동을 통해 좌뇌의 협동을 이끌어내는 원리이다. 이렇게 좌뇌와 우뇌를 동시에 사용하면 그만큼 기억력도 높아지고, 생각을 정리하는 데도 도움이 된다. 더불어 좌뇌와 우뇌를 동시에 자극하므로 뇌량의 고른 발달에도 기여한다.

특히 이미지 카드는 특정 키워드에 대한 정의를 내릴 때 유용하다. 예를 들어 '한국과 일본의 관계는 ○○○이다.'라는 정의를 내릴 때 이미지 카드를 사용하면 직접, 간접적인 경험을 통한 생각과 이미지 카드가 보여주는 다양한 메시지가 연결되면서 자신만의 고유한 정의를 내릴 수 있다.

수업 첫날에도 이미지 카드를 주고 자기소개를 하게 하면 말로만 하는 자기소개보다 쉽게 마음을 내보인다. 시각적 이미지를 사용하므로 기억에도 오래 남는다. 자기소개를 할 때 다음과 같은 제목을 주고 시작하면 사진 고르기가 훨씬 쉬워진다. 나의 성격, 나의 삶, 나의 미래, 나의 감정, 나의 소망, 나의 친구, 나의 다짐 등등.

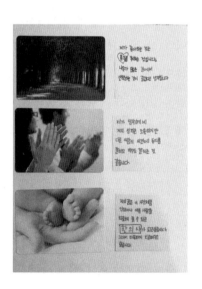

방법은 다음과 같다. 여러 장의 사진을 늘어놓고(인원 수 +3장) 어른이 돼서 하고 싶은 것(꿈, 소망), 좋아하는 것, 성격 등을 잘 나타낸 사진을 3

　　　　성적으로 연결되는 초등 비문학 독서법

장의 고르고, 포스트잇에 이유를 쓴다. 이외에도 현재 자신의 기분을 설명하거나, 배운 내용을 정리할 때, 혹은 내용을 비유적으로 설명할 때도 이미지 카드를 이용하면 훨씬 다양한 생각을 이끌어낼 수 있다. 마찬가지로 토론 마무리 부분에서 각자의 배운 점, 느낀 점, 실천할 점 등으로 성찰을 할 때도 이미지 카드를 활용할 수 있다.

chapter 4

독서의 재미를
배가하는 독후활동

강남 엄마들은
왜 독서 모임에 줄을 설까?

"에르디아 비경쟁 토론은 상대방의 논리를 이겨야 할 필요가 없기 때문에 보다 자유롭게 자신의 의견을 표현할 수 있어 좋습니다. 세상에는 다양한 관점이 존재하고, 그 생각을 나누는 것 자체가 귀한 경험이라고 생각합니다."   - 학부모

"책을 읽으며 질문할 생각을 못 했는데, 에르디아 토론을 접하고 질문하는 습관이 생겼습니다."   - 고2

"에르디아를 만나고 토론이 재미있다는 것을 알았습니다."   - 중2

"에르디아에서 책을 읽고 토론하는 것이 즐거워요. 이겨야 된다는 부담이 없어서 편안하고 행복해요."   - 초5

강남 에르디아 토론을 접한 학부모와 학생들의 후기다. 에르디아가 이토록 오랜 기간(올해가 10년 차이다) 학생들의 참여와 학부모의 지지를 얻을 수 있었던 것은 에르디아만의 토론 프로세스 덕분이다.

'에르디아(Erdia)'는 독일어로 'Ernster Dialog'의 합성어이다. '진지한 대화'라는 뜻이다. 에르디아 토론 디자인 연구소 소장인 최송일 선생님이 처음 만들었으며, 토론을 통해 진지한 대화를 나누며 함께 성장하는 것을 목표로 한다. 토론의 힘은 대화하는 가운데 상대의 관점에서 나를 돌아보며, 서로의 다름을 인정하는 용기를 얻는 것이다.

에르디아 비경쟁 토론은 기본적으로 서로의 생각을 보태어 다양한 관점을 열어주는 대화식 토론이다. 경쟁하지 않고 내 느낌, 내 관점에서 편하게 의견을 나누면서 귀 기울여 듣고 공감하는 데 초점을 맞춘다. 그래서 '경청'은 에르디아의 핵심 가치이다.

경청이란 상대방의 이야기에 귀 기울여 듣는 것만을 의미하진 않는다. 이야기 중간에 끼어들지 않고, 상대방의 의도를 파악하려 애쓰며, 이해되지 않는 부분에 대해 간간이 질문을 하며 들어야 제대로 된 경청이다. 상대방이 말한 것에 대해 질문을 하면서 대화를 이어가면 상대방은 자신이 중요한 사람으로 대접받고 있다는 느낌을 가진다. 경청은 상대방의 마음을 여는 강력한 도구이다. 《듣는 힘》(흐름출판)의 저자 아가와 사와코는 "잘 말하는 사람에게는 귀를 열지만, 잘 듣는 사람에게는 마음을 연다."라고 말했다. 누군가 내 말을 진심으로 귀 기울여 들어줄 때 마음을 열 수 있다.

'모든 의견은 똑같이 동등하다.'는 에르디아 비경쟁 토론의 핵심 가치이다. 자유롭고 수평적인 대화는 서로가 동등해야 가능하다. 비경쟁 토론은 서로 경쟁하지 않고, 협동하고, 서로가 서로에게 배움을 주고받는 토론이다. 주어진 토론 주제로 토론하는 것이 아니라 내가 궁금한 것을 질문하고 상대의 의견을 묻는 토론이다. 경쟁하지 않기 때문에 내 느낌, 내 경험, 내 생각을 자유롭게 이야기할 수 있다. 논쟁보다는 서로의 의견을 존중하고 이해하는 데 초점을 맞춘다. 그 과정에서 서로의 입장에 대해 더 깊이 이해하게 된다.

같은 책을 읽어도 사람마다 만들어내는 의미가 모두 같을 수 없다. 나와 다른 관점을 가진 상대를 만나 그의 이야기에 귀 기울일 때 인간은 성장한다. 편견은 수많은 편견을 접함으로써 해소된다. 나와 다른 의견을 가진 사람의 생각을 이해하려고 애쓸 때 편견이나 고정관념에서 벗어날 가능성이 커진다. 경험이 계속될수록 생각이 다른 사람과 소통하는 방법, 함께 살아가는 방법을 배울 수 있다. 다름을 인정하는 것은 곧 사고의 유연함과 연결된다. 유연함은 창의성의 원천이다.

에르디아 비경쟁 토론 프로세스는 다음과 같다.

아이스 브레이크 → 책 리뷰(사진으로 느낌 나누기) → 질문 만들기 →

토론하기 → 성찰하기

❶ 아이스 브레이크로 편안하고 즐거운 분위기 조성

❷ 책 리뷰는 핵심 키워드나 다양한 사진 활용

❸ 토론 질문은 포스트잇과 스티커 활용

❹ 먼저 쓰고 나중 발표로 토론에 집중

❺ 성찰은 반드시 진행

인간의 뇌는 즐거울 때 더 잘 배울 수 있다

일반적으로 사람들은 '독서 토론'이라는 말만 들어도 부담스럽다. 일단 처음 보는 누군가와 대화를 해야 한다는 사실이 부담스럽고, 혹시 엉뚱한 얘기를 해서 웃음거리가 되지 않을까 염려스럽기도 하다. 이럴 때 중요한 것은 편하게 이야기할 수 있는 분위기이다. 아이스 브레이크는 이런 우려를 한 방에 날려준다. 아이스 브레이크(Ice Break)란 글자 그대로 얼음을 깨뜨린다는 의미이다.

그럼 그 얼음은 무엇으로 깨뜨릴 수 있을까? 바로 누구나 부담 없이 즐길 수 있는 간단한 게임이다. '미꾸라지 잡기 게임', '초성 게임', '무언의 007빵 게임', '혼자 왔습니다 게임', '손병호 게임(접어 게임)' 등등은 남녀노소 누구나 쉽게 따라 할 수 있다. 재미있는 게임 한 판은 어색함과 긴장을 해소하여 분위기를 부드럽게 만든다. 동시에 토론에 대한 부담감을 덜고 자유롭고 편안한 분위기 속에서 관계가 활성화되도록 돕는 역할을 한다.

이는 뇌 과학적으로 증명되었다. 뇌 과학자들은 제대로 된 학습이 이루어지기 위해서는 학습자의 생존 욕구와 감정 상태를 먼저 살피라고 말한다. 이것은 정보처리의 우선순위 때문이다. 인간의 뇌는 외부에서 어떤 정보가 들어오면 생존에 절대적인 영향을 미치는 '뇌간 (brain stem : 생존 담당)이 가장 먼저 반응한다. 다음은 감정을 담당하는 변연계(limbic system)가, 맨 마지막으로 학습 정보를 처리하는 신피질 (neo-cortex)이 반응한다.

따라서 잠이 부족하거나 불안, 걱정 등으로 뇌가 스트레스를 받으면 학습에 관한 정보는 우선순위에서 밀리게 된다. 아이스 브레이크는 참여자들의 뇌를 편안하고 즐거운 상태로 만들어 새로운 것을 더 잘 배우도록 도와준다.

책 리뷰

에르디아에서는 책을 읽은 느낌을 나눌 때 말로 하지 않고 사진과 포스트잇을 사용한다(3-5 〈이미지 속 숨은 생각을 맞혀 볼까〉 참고).

그럼 포스트잇은 왜 필요할까? 포스트잇은 휴대가 간편하고 붙이고 떼어내는 것이 자유롭다. 위치를 바꾸거나 내용을 추가할 때도 편리하다. 에르디아 토론은 먼저 포스트잇에 쓰고 나서 나중에 말한다.

여기에는 여러 가지 이점이 있다. 우선 내 생각을 간섭받지 않는다. 소감이나 의견을 묻는 자리에서 내가 하려던 말을 다른 사람이 발표하는 경우가 종종 있다. 그러면 순간 당황하게 된다. '어? 내가 하려는 말인데 저 친구가 먼저 해버렸네. 그럼 난 무슨 말을 하지?' 같은 내용을 말하자니 자존심이 상하고, 그렇다고 딱히 좋은 생각도 떠오르지 않는다. 그때부터 옆 사람의 발표는 귀에 들어오지 않는다.

쓰고 나서 토론하면 나의 생각을 간섭받지 않아 편하게 경청할 수 있다. 더불어 대화의 주도권을 말 잘하는 사람이 독점하지 않게 되어 참여자 모두 평등하게 참여할 수 있다. 이와 함께 포스트잇에 쓰는 과정에서 생각이 정리되고 다듬어진다. 한 번 내뱉은 말은 주워 담을 수 없지만, 포스트잇을 사용하게 되면 적는 과정에서 혹은 적고 나서 읽어볼 수 있기에 말로 할 때보다 다듬어진 표현을 사용할 수 있다.

키워드로 관점 전환하기 = 생각의 창

문학이든 비문학이든 글에는 메시지가 있다. 작가는 주인공의 행동이나 생각을 통해 독자에게 하고 싶은 이야기를 전한다. 그 메시지는 한 줄의 문장이나 키워드로 나타낼 수 있다. 키워드로 한 권의 책을 정의하는 것은 정보를 체계화하는 일이다. 글의 내용을 회상하고, 정보를 재가공하는 일이다. 키워드를 보면 아이들이 어떻게 책을 읽고 소화했는지 알 수 있다.

키워드는 현재의 관심사나 자라온 환경에 따라 다를 수 있다. 아이들이 뽑은 키워드는 현재 독자의 관심사이다. 이를 통해 중요하게 생각하는 가치가 무엇이며, 어떤 것에 흥미를 느끼는지 가늠해볼 수 있다. 아이들은 책 속에 있는 단어를 말하기도 하고, 등장하지 않는 단어를 말하기도 한다. 《카레이스키, 끝없는 방랑》(푸른책들)을 읽고 아이들은 '희망', '긍정'.'나라의 힘'. '믿음', '절망 & 희망' 등등 다양한 키워드를 찾아냈다.

그런가 하면 나름의 키워드를 찾아내 자신만의 주관을 세우기도 한다. 이때 교사(혹은 부모)가 할 일은 편안한 대화가 오가도록 분위기를 만들어주면 된다. 이 과정을 통해 하나의 텍스트에도 여러 가지 다양한 반응이 나올 수 있고, 나와 다름을 인정하고 수용하는 과정에서 이해의 폭은 넓어진다.

다음은 《카레이스키, 끝없는 방랑》(푸른책들)을 읽고 책을 대표하는 키워드와 이유를 적은 글이다.

이○○(초5): 긍정

이유: 조선인들은 생판 처음 보는 곳으로 이주를 당해도 그곳 환경에 적응하고 긍정적인 생각도 하며 곡물도 금방 키워냈기 때문에 이 키워드를 골랐다.

라○○(초4): 나라의 힘

이유: 우리는 힘이 약해서 일본에게 나라를 빼앗기고 소련까지 갔다. 그곳에서 살다가 일본 밀정으로 의심돼 기차를 타고 우슈토베까지 가서 엄청난 고생을 하게 된다. 그래서 이 책의 내용들은 나라의 힘이 어떤 영향을 미치는지 잘 보여준 것 같아서 나라의 힘을 골랐다.

최○○(중1): 시련

이유: 책 속에서 카레이스키들은 시작도, 끝도 불행하고 힘든 삶을 살았기 때문이다. 상황이 좋아지나 싶었지만 또다시 이주당해서 결국 또 다른 시련을 겪게 되기 때문이다.

토론 질문 만들기

에르디아 토론은 토론 주제를 진행자가 정해주는 것이 아니라 참가자 스스로 정한다. 교사가 하고 싶은 이야기와 아이들이 하고 싶은 이야기가 다르기 때문이다. 스스로 정하는 토론 주제는 주도권이 자신들에게 있다고 생각하여 더욱 능동적으로 참여하게 된다.

토론 질문은 독서 전, 독서 중, 독서 후에서 찾도록 한다. 그러기 위해선 읽으면서 마음에 드는 문장에 밑줄을 긋고, 책을 읽는 중과 읽은 후에 떠오르는 질문을 메모해야 한다. 어떤 질문은 책을 주의 깊게 읽어야 찾을 수 있는 질문도 있고, 어떤 질문은 평소 생각을 묻는 질문도 있다. 토론 주제 정하기는 다음과 같은 순서로 진행된다.

① 책을 읽으면서 혹은 읽고 와서 토론하고 싶은 '개방형' 질문을 포스트잇에 적는다. 기준은 함께 나눌 수 있는 재미있거나 궁금하거나 의미 있는 질문이면 된다.
② 작성한 토론 질문은 다른 사람이 볼 수 있게 책상 위에 올려놓는다.
③ 다른 사람의 토론 질문을 참고하여 더 좋은 질문을 찾아본다(브레인스토밍 방식).
④ 비슷한 질문은 하나의 질문으로 묶는다.
⑤ 스티커 투표로 토론 주제를 결정한다. 스티커 개수는 (n-1)/2개이다.

이런 과정을 거쳐 뽑아낸 토론 질문은 3~4개가 적당하다. 너무 많으면 깊이 있는 대화를 나누기 어렵다. 토론의 순서는 비교적 쉽게 대답할 수 있는 질문에서 깊이 생각할 수 있는 질문으로 확장한다.

예를 들어 《3·1운동과 독립투사들의 특별한 이야기》를 읽고 각자 만든 토론 주제는 다음과 같다.

- 유관순 열사가 옥에서 탈출했다면 어떻게 되었을까요?
- 유관순 열사는 고문을 당하면서도 왜 계속 옥에서 만세를 불렀을까요?
- 윤봉길 의사는 김구 선생님과 시계를 바꿀 때 무슨 마음이 들었을까요?
- 독립투사들은 어떤 세상을 만들고 싶어 했을까요?

마지막 질문인 '독립투사들은 어떤 세상을 만들고 싶어 했을까요?'라는 질문에 대한 답은 책에는 없다. 이는 좋은 나라, 살고 싶은 나라는 어떤 나라인가라는 질문과 맞닿아 있다. 아이들은 모두가 잘사는 세상이라고 대답했다. '그럼 잘사는 세상은 어떤 세상일까?'라는 질문에 배고프지 않게 먹을 수 있고, 우리 말과 글도 자유롭게 쓸수 있고, 우리 역사도 마음대로 배울 수 있는 그런 세상이라 답했다.

에르디아 토론의 꽃 성찰!

프랑스 문학가 폴 부르제는 "생각하는 대로 살지 않으면 사는 대로 생각하게 된다."라고 했다. 이 말은 원하는 삶을 살기 위해 지금 무슨 생각을 하고, 어떻게 행동하고 있는지 끊임없이 묻고 점검하는 성찰의 중요성을 강조한 말이다. '성찰'의 사전적 의미는 '자신이 한 일을 깊이 되돌아보는 일'이다. 학습에서의 성찰은 학습한 내용을 되돌아보고 내 삶에 어떻게 적용할지를 고민해보는 시간이다.

배움 따로 행동 따로면 발전이 없다. 토론이 의미 있는 시간이 되기 위해서는 이에 대해 생각하는 시간을 가져야 한다. 학습은 반복이다. 소가 되새김질을 하듯 곱씹어야 진짜 배움이 된다. 에르디아 토론은 배운 점, 느낀 점, 실천할 점을 통해 활동을 돌아보고 자기성찰의 시간을 갖는다. 배운 것을 돌아보고 부족한 점을 채우려 할 때 인간은 성장한다. 성찰을 통해 한 걸음 더 나은 미래로 나아갈 수 있다. 성찰은 에르디아 토론의 꽃이다.

또 다른 매력! 청소년 북코치 활동

청소년 북코치의 재능 나눔도 에르디아의 특별함이다. 청소년들은 또래 토론도 하지만 스스로가 멘토가 되어 초등학생들의 독서토론을 진행한다. 자격 조건은 1년 이상 에르디아 비경쟁 토론 경험자이다. 북코치 희망자들은 12시간의 북코치 연수를 통해 토론을 디자인하는 방법을 배우고 익힌다. 청소년 북코치가 되면 교사의 개입 없이 청소년 단독으로 1시간 30분의 수업을 기획하고 디자인한다. 이를 통해 적극적으로 자신을 드러내고 성장할 기회를 갖는다. 북코치를 경험한 청소년들은 말한다.

"누군가 가르칠 때 더 많이 배웠어요", "누군가에게 도움이 된다는 것이 이렇게 기분 좋은지 몰랐어요.", "북코치를 하면서 남을 배려하고 존중할 줄 알게 되었어요", "제가 소중한 존재인 걸 깨닫게 되었어요", "어리다고 얕잡아 봤는데 오히려 배웠어요", "봉사의 즐거움을 알게 되었어요. 앞으로는 열심히 봉사할래요"

에르디아 비경쟁 독서토론은 아이스 브레이크로 즐거움을 장착하고, 대화를 통해 책 읽기의 깊이를 더하며, 내 생각을 이야기하는 과정에서 다른 사람의 이야기에도 귀 기울이게 된다. 이러한 개인의 독서 경험은 공동체의 경험으로 확장되고, 공동체의 경험은 집단지성으로 발전해 나갈 수 있다.

입맛에 맞게
골라 먹는 토론 레시피

1. 에르디아 토론

에르디아 토론은 처음 토론을 접하는 아이들에게 부담 없이 다가 갈 수 있는 토론 방식이다. 자리 이동 없이 앉아서 조원끼리 하는 토론으로 특정한 주제 없이 각자 이야기해보고 싶은 질문을 포스트잇에 쓴 후, 투표를 통해 토론 주제를 선정하고 토론하는 방식이다. 토론의 기본 태도인 말하기, 듣기를 연습할 수 있다. 모든 책에 적용할 수 있으며, 보통은 조별로 진행해서 조원 모두 발언할 기회가 많아진다.

토론 방법 :

① 한 조에 4~5명씩 조를 만든다.

② 책 내용을 참고하여 함께 토론하고 싶은 내용으로 질문을 만들어 포스트잇에 써놓는다. 이때 조마다 한 사람당 몇 개의 질문

을 만들 것인지 결정한다. 보통은 1인 3~4개의 질문이 적당하다.

③ 질문이 다 만들어지면 각자 자신이 쓴 내용을 발표한다.

④ 발표가 끝나면 비슷한 내용의 질문은 따로 모아서 논의를 통해 하나의 질문으로 만든다.

⑤ 스티커 3장을 가지고 각자 토론하고 싶은 질문에 투표한다. 토론 주제의 개수는 토론 시간에 비례한다. 즉, 시간이 적으면 2~3개만, 넉넉하면 더 많은 주제를 토론할 수 있다.

⑥ 투표가 끝나면 포스트잇에 자신의 의견을 써서 토론 주제 밑에 붙인다.

⑦ 쓰기가 끝나면 순서를 정해 내용을 발표한다. 발표 순서는 앉은 순서나 생일, 아파트 층수, 기상 시간 등으로 정할 수 있다.

⑧ 조원의 발표가 끝나면 가벼운 박수로 지지하고 격려해준다.

예시) 《5번 레인》(문학동네)을 읽고 아이들이 만든 질문과 토론 내용이다.

토론 주제 :
내가 나루였다면 이기는 것보다 더 중요한 게 있다는 걸 깨달았을까요?(+이유)
- 내가 나루였다면 이기는 것보다 대회에서 포기하지 않고 끝까지

하는 것이 중요하다는 것을 깨달았을 것 같다

– 우리는 무조건 이겨야 좋다고 생각한다 그렇지만 이기는 것보다
는 그것을 즐기는 게 더 중요하다 그것을 친구들과 함께 깨달았
을 것 같다.

– 반은 깨달았고, 반은 깨닫지 못할 것 같습니다. 이유는 초희를
통해서 그런 마음을 알게 됐지만, 아직도 꼭 이기고 싶다는 마
음이 남아 있기 때문입니다.

2. 회전목마 토론

회전목마 토론은 회전목마가 돌 듯이 자리를 이동해가며 자신의
의견을 말하고, 상대의 의견을 듣고 요약하는 방식의 토론이다. 내
생각에 다른 사람의 생각을 듣고 더하는 구조로 되어 있어 여러 명이
동시다발적으로 참여할 수 있다. 교실과 같은 대집단에서 모든 학생
이 참여할 수 있다는 장점이 있다.

토론 방법 :

① 개인별로 활동지를 나누어주고 토론 주제에 대한 내 생각(의견)
을 적도록 한다.

② 안쪽 사람은 활동지를 보며 자신의 의견을 말한다. 바깥쪽 사
람은 안쪽 사람이 말한 것을 잘 듣고 활동지에 정리한다.

③ 제한 시간(1~2분)이 되면 바깥쪽 사람만 자리를 오른쪽으로 두

칸 이동한다. 바깥쪽 사람은 새로 만난 안쪽 사람에게 이전에 듣고 메모한 내용을 말한다. 제한 시간이 되면 자리를 이동해 같은 방법으로 토론을 진행한다.

④ 토론이 끝나면 주제에 대한 의견을 정리하고 발표한다.

※ 가능하면 짝수로 인원을 맞추고, 자리 이동 횟수, 제한 시간은 상황에 맞게 조절한다.

회전목마 토론 좌석 배치도

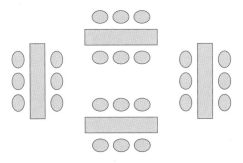

회전목마 토론 활동지

토론 주제	무인도에서 살아가는 데 꼭 필요한(가지고 가야 할) 세 가지는?	
	의견	이유
내 생각	① ② ③	
친구 이름	의견	이유
	① ② ③	
	① ② ③	
	① ② ③	
	① ② ③	
	① ② ③	
생각 정리하기		

성적으로 연결되는 초등 비문학 독서법

3. 월드 카페

월드 카페는 대화의 힘으로 누구나 원하는 미래를 만들 수 있다고 믿는 사람들이 모여서 구성한 대화 커뮤니티다. 1995년 후아니타 브라운과 데이비드 아이잭스가 함께 창립했다. 월드 카페는 카페에서 차를 마시며 담소하듯이 누구나 자유롭고 편안하게 대화를 나누고, 지식을 공유하자는 취지에서 시작되었다. 최소 인원은 20명 정도이며, 자리를 옮겨 다니는 방식으로 진행한다.

월드 카페의 원칙

제1원칙 환경을 설정하라

제2원칙 편안한 공간을 만들어라

제3원칙 모두가 관심을 가질 만한 질문을 연구하라

제4원칙 모두가 기여하도록 격려하라

제5원칙 다양한 관점을 교류하고 연결하라

제6원칙 패턴, 통찰력, 심도 있는 질문을 찾기 위해 잘 들어라

제7원칙 공동의 발견을 거두고 나누어 가져라

월드 카페 준비물 & 방법

<u>준비물</u> 전지, 네임펜 혹은 색연필, 조당 호스트 1명씩, 생각을 발산할

수 있는 토론 주제(조당 1개씩), 음료수

최소 인원 20명(4개 조×4=16명+호스트(4명))

진행 시간 1라운드당 15분으로 총 3라운드를 진행

진행 방법

- 1라운드 토론: 현재 있는 조에서 그대로 실시(15분)

- 2라운드 토론: 호스트는 1라운드 토론 내용을 정리해서 새로 온 조
  원에게 설명한다. 이어서 기존의 토론 내용에 새로운 아이디어를 발
  산할 수 있도록 토론 진행(15분)

- 3라운드 토론: 호스트는 이전 토론 내용을 새로 온 참가자들에게 정
  리해서 설명. 1, 2라운드에 나오지 않은 이야기를 더 찾아서 토론 진
  행(15분)

진행 순서

❶ 생각의 가지가 뻗어나갈 수 있도록 다양한 대답이 나올 수 있는 토
  론 주제를 준비한다.

❷ 테이블마다 토론 내용을 잘 정리할 수 있는 유능한 호스트 배치한다.

❸ 참가자들은 정해진 시간 안에 전지 위에 글이나 그림으로 자기의
  생각을 자유롭게 이야기한다.

❹ 참가자들은 1라운드가 끝나면 다른 조에 가서 새로운 토론을 진행

하고, 호스트는 자기 조에서 나온 토론 내용을 정리 요약하여 새로 온 참가자들에게 설명한다. 새로 온 참가자들은 이전 토론한 내용에 좀 더 나은 아이디어를 더한다.

❺ 2~3번 반복한다.

❻ 토론을 마치면 토론 내용을 공유하고 전체 마무리한다.

월드 카페 호스트의 역할

• 조에 앉아 있는 사람들과 서로 인사를 나누게 도와준다.

• 호스트는 자기 의견은 이야기하지 않는다.

  자신의 의견을 말하는 것이 익숙지 않은 사람에게 말할 기회를 준다.

• 부담 없고 편하게 말할 수 있는 분위기를 조성한다.

• 참가자들이 골고루 의견을 말할 수 있도록 배려한다.

월드 카페 장점

❶ 가만히 앉아서 하는 토론이 아닌, 돌아다니면서 토론하기 때문에 새로운 경험을 제공한다.

❷ 짧은 시간에 다양한 사람들과 만나 이야기할 수 있다.

월드 카페 Tip

❶ 음료수는 쏟아질 수 있으므로 팩 종류로 준비한다. 간단한 간식으로 대체해도 좋다.

❷ 토론 시작 전 호스트들과 리허설을 하면 실수를 줄일 수 있다.

❸ 참가자들이 관심 있어 할 만한 토론 주제를 제시하면 참여도가 높아진다.

❹ 참가자가 원하는 주제를 선택하게 하면 적극적으로 참여할 수 있다.

❺ 라운드당 시간을 정확히 지킨다.

❻ 처음 2분은 그전에 토론한 내용을 충분히 알려준다. 그래야 계속 새로운 아이디어를 추가할 수 있다.

❼ 토론 중간중간 다른 사람의 의견을 판단하지 않도록 그라운드룰을 상기시킨다(경청하기, 판단하지 않기 등등).

＊팁: 전지를 바닥이나 벽면에 붙이고 다 같이 생각의 창을 만든다.

4. 원더링 플립차트(Wandering Flipchart)

원더링 플립차트는 참여자들이 토론 주제가 적힌 플립차트를 돌아다니면서 자신의 아이디어를 제출하는 방식의 토론이다. 포스트잇과 네임펜을 들고 플립차트 수만큼 계속 이동하면서 주제에 대해 아이디어를 내는 것이 특징이다. 짧은 시간에 다수가 참여할 수 있다는 장점이 있다. 특히 돌아다니면서 토론하므로 지루하지 않다.

원더링 플립차트

<u>준비물</u> 전지, 네임펜, 포스트잇, 생각을 발산할 수 있는 토론 주제

<u>최소 인원</u> 6명 ~100명

<u>진행 시간</u> 20 ~60분

진행 방법

❶ 토론 주제 3~5개를 준비해 4절 색지에 큰 글씨로 옮겨 적는다.

❷ 플립차트는 일정한 간격을 두고 참가자들이 이동하면서 볼 수 있도록 벽면, 바닥, 책상 위, 문짝 등에 붙여놓는다.

❸ 참가자들은 돌아다니면서 포스트잇과 네임펜을 이용하여 토론 주제에 자신의 의견을 적어 붙인다.

❹ 활동이 끝나면 주제별로 취합된 의견을 진행자가 요약해서 전체 공

유한다.

활동 사례

성적으로 연결되는 초등 비문학 독서법

4-3

가정 독서토론
실제 사례

    가정 독서토론과 단체 독서토론 모임의 차이점은 크지 않다. 주최와 구성원이 다를 뿐이다. 단체 독서토론 모임에서 토론 진행자는 북코치이다. 반면 가정 독서토론 모임은 부모가 북코치 역할하며 자녀가 참여자가 된다. 가정 독서토론은 부모가 직접 토론을 진행하므로 내 자녀가 무슨 생각을 하는지 알 수 있어 좋다. 하지만 사춘기에 접어들고, 부모와 아이의 관계가 원만하지 않으면 진행이 어려울 수도 있다. 시작하는 연령은 만 6살부터가 적당하다. 이 나이는 어느 정도 유치원 생활에 익숙해져 규칙을 지키기도 쉽고, 자신의 의사 표현도 가능하기 때문이다.

책 선정하기

가정 독서토론 모임을 할 때 신경 써야 할 부분은 책 선정이다. 나의 경우 가정 독서토론을 시작할 당시 큰아이(초3)는 글밥이 많은 책을 좋아하기 시작한 때이고, 작은 아이(7세)는 겨우 한글을 뗀 직후였기 때문에 책 선정이 어려웠다. 그때 주목한 것이 그림책이다. 그림책은 그림이 주가 되기 때문에 글을 몰라도 그림으로도 이야기를 나눌 수 있어 두 아이 모두 즐길 수 있었고, 글의 분량이 많지 않아 즉석에서 읽어주고 토론을 할 수 있다. 그림책을 선택할 때는 아이들이 관심 가질 만한 주제의 그림책을 선택하는 것이 좋다. 그래야 참여도도 높고, 질문거리도 많아진다.

토론하기 좋은 그림책 목록

❶ 《파란 의자》(비룡소)

❷ 《지퍼 고쳐 주세요!》(느림보)

❸ 《낱말 수집가 맥스》(보물창고)

❹ 《거짓말》(한솔수북)

❺ 《낱말 공장 나라》(세용)

❻ 《친구랑 싸웠어!》(시공주니어)

❼ 《오늘의 일기》(풀빛)

❽ 《파리의 휴가》(바람의 아이들)

❾ 《괴물들이 사는 나라》(시공사)

❿ 《부루퉁한 스핑키》(비룡소)

성적으로 연결되는 초등 비문학 독서법

1회차 가정 독서토론 모임 오리엔테이션

참여 인원 엄마, 큰아이(초3), 작은아이(7세, 유치원생)
진행 시간 40분

✎ 아젠다

- 아이스 브레이크: 접어 게임(10분)
- 질문과 독서토론 의미 알려주기(10분)
- 그라운드 룰 정하기: 10분
- 다음에 읽을 책 선정하기: 10분
- 성찰: 10분

✎ 수업 방법

- 아이스 브레이크: 접어 게임(208쪽 참고)
- 질문과 독서토론 의미 알려주기

그림책이 준비되었다면 아이들에게 질문하는 방법과 독서토론이 무엇인지 알려주어야 한다. 내 경우 작은아이가 유치원생이라서 처음에는 질문의 의미를 어떻게 설명할까 고민했는데, 걱정은 기우였다. '질문'의 의미는 아이들이 좋아하는 그림책《리디아의 정원》(시공주니어)을 예를 들어 설명했다.

> **엄마** 잘 들어. 질문이란 궁금한 걸 묻는 거야. 엄마가 가방을 들고 나가면 너희들이 "엄마, 어디 가세요?"라고 묻지? 그게 질문이야. 그림책을 읽을 때도 마찬가지야. 너희들 《리디아의 정원》(시공 주니어) 표지를 보면 무슨 생각이 드니?
>
> **작은아이** 응~ 정원인데 왜 옆은 온통 높은 건물이 있을까?

책을 읽어주면서 아이들에게 계속 궁금한 게 나오면 질문을 하라고 하고 녹음해서 나중에 정리했다.

> **큰아이** 리디아가 기차에서 내렸을 때 작가는 기차역을 왜 이렇게 시커멓게 그렸을까요?
>
> **작은아이** 삼촌은 왜 리디아를 보고도 웃지 않았을까요? 리디아는 무섭지 않았을까요?
>
> **작은아이** 삼촌은 고양이를 리디아에게 주었을까요? 아니면 고양이가 따라왔을까요?

큰아이	리디아가 집으로 돌아갈 때 기차역은 환해졌는데 외삼촌 사는 곳에 도착했을 때 기차역은 꺼멓게 되어 있고, 집으로 돌아갈 때는 환해졌어요. 무슨 의미일까요?
엄마	짝짝! 둘 다 잘했어. 자, 이렇게 그림책을 읽으면 궁금한 것을 묻는 것을 '질문'이라고 해. 책은 읽었다고 해서 다 이해할 수 있는 것은 아니야. 읽다 보면 궁금한 것도 생기고 이해가 잘 안 되는 문장도 있지. 이런 것을 물어보는 것을 질문이라고 해. 질문에 대한 답은 책에 나올 수도 있고, 다른 책을 찾아봐야 답을 얻을 수 있는 것도 있어. 어떤 질문은 아무리 생각해도 답을 알 수 없는 것도 있어. 앞으로 책을 읽으며, 궁금한 것을 질문하고 그 질문에 대해 서로의 생각을 나눌 거야. 이것을 '독서토론'이라고 해. 예를 들어 앞뒤 표지, 제목, 면지, 내용, 그림 등을 보고 궁금한 것을 질문하고, 그 질문으로 서로의 생각을 나눌 거야.

✏️ 그라운드 룰 정하기

학교나 유치원에서도 꼭 지켜야 하는 규칙이 있듯이 가정 독서토론에서도 지켜야 할 규칙이 있다. 규칙은 아이들과 의논해서 정하면 된다. 이때 개수가 너무 많으면 지키기도 힘들고, 지키지 않을 때는 잔소리를 하게 된다. 그러므로 꼭 지켜야 할 몇 가지만 정한다. 내 경우 작은 아이가 어려서 규칙에 대해 다음과 같이 설명했다.

엄마　○○이는 유치원에서 지켜야 할 규칙으로 뭐가 있는지 이야기해줄래?

작은아이　'친구와 사이좋게 놀기', '음식 골고루 먹기요' 안 지키면 선생님한테 혼나요.

엄마　그래 잘 아는구나. 그럼 우리 집에서 지켜야 할 규칙은 뭐가 있을까?

큰아이　자기 전에 양치하고 교정기 끼기요. 안 하면 엄마한테 혼나요.

엄마　그래 잘 알고 있구나. 규칙은 일종의 약속이야. 토론하는 데 규칙이 왜 필요할까?

큰아이　그래야 서로 기분 좋게 할 수 있어요.

작은아이　그래야 엄마가 화내지 않아요.

엄마　(웃음) 그래 서로 기분 좋게 활동하기 위해서 규칙이 필요해. 우리 한번 규칙 만들어볼까? 각자 2개씩 의견을 내고, 스티커로 3개로 투표할 거야.

아이들　네!

그라운드룰을 정하는 것은 서로의 생각을 주고받는 일종의 토론이다. 말하자면 어떤 규칙을 넣어야 할지 의견을 절충하는 과정이다. 그러므로 일방적으로 정하기보다는 반드시 아이들의 의견을 충분히 반영해서 만든다. 지켜야 할 규칙의 개수는 2~3개가 적당하다. 규칙이 정해졌으면 A4용지에 크게 써서 잘 보이는 곳에 붙여놓고 복창하게 하고, 꼭 지키도록 한다.

✏️ 방법

① 아이들에게 3장의 포스트잇을 주고 꼭 지켜야 할 규칙 3가지를 각각 쓰게 한다. 나이가 어려 글씨를 제대로 못 쓰면 엄마가 대신 써준다.

② 다 쓰면 발표하면서 이유도 함께 이야기하게 한다.

③ 발표가 끝나면 준비된 스티커 3개를 나눠주고 마음에 드는 규칙에 투표한다.

④ 투표가 끝나면 가장 많은 표를 받은 규칙 3~4개를 고른다.

독서토론 모임에서 정한 우리 집 독서토론 규칙은 다음과 같다.

1. 마음에 안 든다고 삐지기 없음.

2. 잘난 척하기 없음, 상대방 무시 금지.

3. 토론 시간에 화장실이나 물 마시러 가기 없기. 미리미리 다녀

올 것.

✏️ 다음에 읽을 책 선정하기

각자 읽고 싶은 책 2권을 가져오게 해서 이유와 함께 발표하도록 했다. 발표가 끝나면 스티커 투표하고 3순위까지 순서를 정해 차례대로 토론에 활용했다.

✏️ 성찰

포스트잇에 배운 점, 느낀 점, 실천할 점을 적어서 발표한다. 이때 어른이 먼저 시범을 보인다. 실천할 점은 일주일 안에 실천할 수 있는 것을 쓰도록 유도한다.

우리 집 첫 성찰

큰아이

배운 점   독서토론에도 규칙이 필요하다.

느낀 점   동생이 관찰력이 좋다.

실천할 점   동생 무시 안 하기.

작은아이

배운 점   질문하는 법.

느낀 점   스티커가 예쁜 게 많다.

실천할 점   삐지지 않기.

엄마

배운 점   어려도 알 건 다 안다. 존중해줘야겠다.

느낀 점   우리 아이들 많이 컸구나. 생각보다 이해도 잘하고, 긴

시간 잘 앉아 있다.

실천할 점   독서토론 규칙적으로 하기.

어색한 분위기를 시원하게 날려 줄 아이스 브레이크

에르디아만의 독특함, 아이스 브레이크로 시작하기!

아이스 브레이크(Ice Break)는 단어 그대로 얼음을 깬다는 의미로, 원래는 학습이나 회의와 같은 장기적이고 집중력이 요구되는 활동 중간에 잠시 동안 쉬는 시간을 가지는 것을 말한다. 이는 참여자들의 몸과 마음을 편하게 만들어 다음 단계의 학습이나 작업에 집중할 수 있도록 도와준다.

일반적으로 아이스 브레이크는 짧은 시간 동안 진행되는 활동으로 구성된다. 그룹 내에서 누구나 따라 할 수 있는 소소한 게임이나 몸을 움직이는 활동 등을 말한다. 목적은 참여자들이 긴장을 풀고, 자유롭게 의사소통하며, 즐거움을 느껴 참여도를 높이는 데 있다. 즐거움은 학습에 매우 긍정적인 감정 상태를 유발하며, 사람은 어떤 때보다 즐거울 때 더 잘 배울 수 있다. 즉, 아이스 브레이크는 구성원들의 참여와 상호작용을 촉진하며, 그룹의 협력과 팀워크를 강화할 수 있는 중요한 프로세스 중 하나이다.

아이스 브레이크를 할 때의 원칙은 다음과 같다. 첫째 누구나 따라 할 수 있는 쉬운 게임이어야 한다. 둘째, 될 수 있으면 져도 벌칙을 주지 않고, 꼭 승패를 가려야 한다면 서로 기분 나쁘지 않을 정도에서 서로를 응원한다. 예를 들어, 이긴 경우는 상대편에게 어깨를 가볍게 다독이면서 "다음엔 잘해라."라고 격려하고, 진 경우 이긴 사람을 보고 고개를 살짝 숙이며 "열심히 하겠습니다."라고 말하면 충분하다. 중요한 건 승부가 아니라 함께 어울려 놀이를 즐기는 것이다.

1. 손병호 게임

(일명 접어 게임, 어른이나 학년을 섞어서 하면 반말하는 재미가 쏠쏠한 게임)

__소요 시간__ 10분 내외

__준비물__ 없음

__참석자 규모__ 3명 이상

__게임 방법__

한 손을 들고 손바닥을 쫙 편다.

한 명씩 "○○한 사람 다 접어"라고 돌아가면서 말하는데 '○○'에 속하는 사람은 손가락을 하나씩 접는다.

마지막까지 펴져 있는 손가락이 남아 있는 사람이 이긴다.

이때 잘생긴 사람 접어. 머리 짧은 사람 접어 등은 판단 기준이 모호하므로 이야기하지 않도록 한다. 대신 눈으로 확인할 수 있는 것 위주로 말하도록 한다. 예를 들어 하얀 옷 입은 사람 접어. 안경 쓴 사람 접어 등등.

2. 바뀐 곳 찾기(나이, 성별 상관없이 즐기는 게임)

소요 시간 10분 내외

준비물 필통에 있는 학용품 5~6개

참석자 규모 3명 이상

놀이 방법

물건을 대여섯 개 늘어놓는다.

한 명은 눈을 가리고 나머지 사람들은 물건을 배열한다.

눈을 뜨고 3~5초 정도 물건을 응시하고 다시 눈을 감는다.

나머지 조원들은 물건을 다시 배열한다.

눈을 감은 사람은 눈을 뜨고 처음 순서대로 물건을 배열하여 맞춘다.

돌아가면서 눈을 감고 배열 순서를 맞춘다.

아이스 브레이크에 대한 더 많은 정보가 필요하다면 다음 책을 참고하면 좋다. - 《서준호 선생님의 교실 놀이 백과》(지식프레임)

성적으로 연결되는 초등 비문학 독서법

시 암송의 놀라운 힘!

시를 좋아하는 아이

중학년 3학년 때 짝꿍은 시를 참 좋아했다. 새 학기 처음 본 나한테 건넨 첫 마디가 "너 누구 시 좋아해? 좋아하는 시인 누구야?"였다. 처음에는 좀 당황했다. 처음 본 사람에게 이름 대신 시를 좋아하냐고 묻는 그 아이가 좀 별나 보였다. 하지만 우린 곧 단짝이 되었다. 말도 예쁘게 하고 엉뚱한 상상력으로 나를 놀라게 하는 그 아이가 좋았다. 짝꿍의 애송시는 유치환의 〈행복〉이었다. 시를 낭독할 때는 어찌나 진지한지 마치 시인 같았다. 30년이 지났건만 아직도 그 아이 목소리가 생생하다. 친구 따라 강남 간다고 덕분에 잘 알려지지 않는 좋은 시를 많이 접하고 외우게 되었다.

시를 외우면서 주옥같은 시어들에 대해 감탄했다. 눈으로 읽을 때와는 달리 소리 내어 외울 때 시는 다르게 다가왔다. 어떤 시는 그림

211

이 그려지기도 하고, 또 어떤 시는 소리가 들리기도 했다. 어떻게 그런 시어들을 생각해낼 수 있는지, 어떻게 하면 그런 통찰력을 얻을 수 있는지 시인을 부러워하고 질투했다. 그러다 고등학교 때부터 백일장에서 상을 받기 시작했다. 중학교 때까지 글쓰기 상을 한 번도 받아본 적이 없는 나였다. 당시에는 시를 외우는 게 어떤 의미인지 몰랐다. 그냥 내 실력이 좋아져서 상을 받는다고 생각했다.

아이들과 함께한 미니 시 낭송 대회

그러던 내가 독서 교실을 운영하게 되자, 학생들에게 시조나 동시 (이하 동시라고 하겠다)를 외우도록 했다. 거창한 목표는 없었다. 시를 외웠던 좋은 추억을 아이들과 공유하고 싶었다. 아름다운 시어가 가슴 속에 차곡차곡 쌓여 아이들 마음속에 스며들기를 희망했다.

처음에는 부담을 주고 싶지 않아 짧고 리듬감이 있는 동시를 골랐다. 설명은 꼭 필요한 부분만 해주고 아이들이 느끼도록 했다. 새로운 동시를 배울 때는 우선은 공책에 한 번 써보고, 서너 번을 외우게 했다. 걸린 시간은 대략 7~8분. 그리고 다음 수업 때 한 번 반복했다. 외울 때는 오감, 즉 시각, 촉각, 청각, 청각 후각, 미각 등을 모두 활용해서 암송하게 했다. 그러면 부담도 덜하고, 좀 더 쉽게 시를 암송할 수 있었다. 동시는 연이나 행을 주고받으며, 시조의 경우 초장,

중장, 종장을 나누어 주거니 받거니 놀이처럼 외우게 했다.

외운 것을 장기 기억에 잡아두기 위해 한 달에 한 번 미니 백일장을 열어 좋아하는 동시를 암송하게 했다. 백일장 뒤풀이는 과자나 아이스크림을 사 주었다. 일종의 미끼였다. 동시보다 젯밥에 관심이 많았던 아이들은 미니 백일장을 손꼽아 기다렸다. 《홍길동》의 작가 허균 선생님은 '자식의 책 읽는 소리'가 가장 듣기 좋다고 했지만 난 학생들이 동시를 낭송할 때가 가장 좋았다. 다음으로 듣기 좋은 소리는 "선생님 시조(혹은 동시)가 좋아서 시조집을 하나 샀어요."라는 말이다. 독서 교실에 오는 아이들은 일주일에 한 편씩, 1년에 대략 40여 편의 동시를 암송했다. 습관이 되니 외우는 것도 금방 외우고, 보너스로 목소리도 트였다.

상복이 터지다

이렇게 1년을 하다 보니 하나둘 시 낭송 대회나 동시 쓰기 대회에서 상을 받아오기 시작했다. 나중에는 독후감 대회에서도 상을 받아왔다. 몇몇 아이는 어린이 신문에서 주최하는 독후감 대회에서 상을 받아 주변을 놀라게 했다. 상을 받은 아이들 대부분은 처음에는 일기도 겨우 쓰는 아이들이었다. 기뻤지만 실력이 껑충 뛰어오른 이유를 알 수 없었다. 사실 글쓰기의 경우 1년을 지도해도 실력이 확 늘지는 않는다. 내 경우 독서 지도가 주였고, 글쓰기는 보조여서 더욱더 그랬다. 부모들은 선생이 잘 가르쳐서 그렇다고 했다. 혼자서 '그게 아닌데…'라고 생각했지만, 당시는 알 수 없었다.

프랑스의 국어 교육

동시 암송과 글쓰기의 연관성을 깨닫게 된 것은 우연히 본 신문 기사 한 토막 때문이었다. 기사는 프랑스 초등학교의 동시 교육에 대해 다루고 있었다. 프랑스에서는 입학과 동시에 좋은 문장이나 시를 아동들에게 철저하게 낭송하게 한다. 그 과정에서 학습자들은 초보적인 문법이나 동사 활용을 자연스럽게 익히고, 시 속에 녹아 있는 수백 개의 기본 문장은 물론 어휘까지 학습하게 된다. 이러한 프랑스 어린이 시 교육은 언어 발달을 촉진하여 언어적 표현 능력과 상상력, 문학적 감수성을 키워주는 것은 물론 자국의 문학적인 유산에 대한 자부심도 키워준다는 내용이었다.

기사를 보면서 고등학교 때부터 백일장에서 상을 받은 이유와 아이들의 글쓰기 실력이 일취월장한 것이 이해되었다. 접점은 시 암송이었다. 아이들은 동시를 암송하면서 다양한 어휘와 수십 개의 문장을 자연스레 익혔다. 외우면서 몸과 마음에 시어를 새겨 넣었다. 무심히 지나쳐 온 평범한 사물이 얼마나 아름답게 형상화되는지도 보았다. 그러니 글쓰기가 좋아질 수밖에.

'뇌신경가소성'이란 '뇌는 고정되어 있지 않고 변화한다.'라는 뜻이다. 무척 단순해 보이지만 이 말은 학습이 뇌에 미치는 영향을 요약해서 보여준다. 뇌 과학자들은 인간의 뇌가 새로운 것을 배울 때마다 신경세포들이 새로운 연결망을 만들어낸다는 것을 발견했다. 우리의 뇌는 외부에 들어온 정보를 통해 생각을 만들고, 그 생각에 의해 스스로 사고를 형성해가는 열린 구조로 설계된 시스템이다. 즉, 뇌는 경험에 따라 형태가 크게 바뀐다. 창조는 서로 관계없는 사물을 연결할 때 생긴다. '내 마음은 호수요', '분수처럼 흩어지는 푸른 종소리'처럼 시는 전혀 상관없는 것들에서 유사성을 찾아내 연결한 '은유'의 보물창고이며 집합소이다.

동시 자주 접하다 보면 어떤 특정한 모습을 마음속에 그리게 된다. 그것이 바로 이미지, 곧 심상(心象)이다. 어떤 대상을 직접 보는 것은 아니지만, 시를 읽으며 구체적으로 표현된 묘사나 비유를 보면서 대상을 직접 보고 겪는 것 같은 느낌이 드는 것을 말한다. 시인들은 은유를 통해 자기가 표현하려고 하는 내용을 '이미지화'한다. 그런 이미지는 힘이 세다. 글자는 느리고 이미지는 빠르다. 이미지는 말이나 글로 표현할 수 없는 것도 상상하게 하고, 이해시킨다. 동시를 읽고 또 외우다 보면 자신도 모르는 사이에 하고 싶은 말을 이미지를 통해 간단하게 표현하는 훈련을 할 수 있다.

시는 표현하고 싶은 말을 가장 짧은 언어로 형상화한 이미지를 모아놓은 '은유의 보물창고'이다. 그러니 시를 읽고, 암송한다는 것은 감성을 자극할 뿐 아니라, 뇌 안에 은유적 사고를 할 수 있는 신경망이 생긴다는 뜻이다. 즉, 생각을 이미지로 표현하는 훈련을 했다는 의미이다. 1년 동안 무려 40여 편의 동시를 외우면서 아이들은 이런 체험과 훈련을 무시로 했다. 세상에는 공짜가 없다. 뿌린 만큼 거둔다는 말은 아직도 유효하다.

암송하기 좋은 동시 고르는 기준

아이들에게 줄 시를 고르기 위해서 여러 권의 동시집과 시조집을 구해 소리 내어 여러 번 읽었다. 그때 정한 나름의 기준은 다음과 같다.

1. 자연스러운 리듬과 은율이 느껴지는 동시가 암송하기 좋다. 짧고 간결하고 같은 말이 반복되어 리듬감을 느낄 수 있으면 기억에 오래 남는다. 다음은 단순하면서도 리듬감이 살아 있는 권태응의 〈감자꽃〉이다.

감자꽃

권태응

자주꽃 핀 건 자주감자
파보나 마나 자주감자

하얀꽃 핀 건 하얀감자
파보나 마나 하얀감자

2. 이미지가 뚜렷하여 읽으면 구체적 사물이나 물건 등이 떠오르는 동시가 좋다. 이미지를 떠올릴 수 있으면 외우기도 쉽고, 자신만의 언어로 재해석할 수 있다. 의성어, 의태어가 잘 버무려진 김구연의 〈강아지풀〉은 읽다 보면 귀여운 강아지풀이 눈앞에 보이는 것 같다.

3. 아이들 삶의 경험과 밀접하게 연관이 있어 공감을 할 수 있는 동시가 좋다. 동시가 자신의 생활 경험과 관련이 있고 충분히 공감할 만하다면 쉽게 외워지고 기억에도 오래 남는다. 특히 같은 경험이 있다면 애송시가 된다. 서덕출의 〈떠나보고야〉는 집을 떠나 외로움을 느껴본 아이들이 좋아하는 동시다.

떠나보고야

멀리 떠나보고야 알았습니다
어머니 품 가슴이 그리운 것을

멀리 떠나보고야 알았습니다
오막살이 내 집이 그리운 것을

멀리 떠나보고야 알았습니다
내 고향 옛 동무 그리운 것을

어린이도 시조를 즐긴다

시조는 시절가조(時節歌調)의 준말이다. 한자를 풀이하면 그 시절
에 유행하는 노래이다. 그래서 시조에는 시대 정신이 담겨 있다. 시
조를 잘 모르는 사람들은 '시조'라고 하면 고리타분한 것으로, 또 나
이든 어른들이나 좋아한다고 생각한다. 그러나 막상 아이들에게 시
조를 가르쳐주면 즐겨 암송한다.

시조는 대체로 3줄밖에 안 돼서 외우기 쉽다. 물론 더 짧은 시도
많지만. 3-4-3-4라서 읽다 보면 리듬감이 느껴진다. 시조에 얽힌 일

성적으로 연결되는 초등 비문학 독서법

화나 역사적 배경을 소개해주면 귀를 쫑긋 세워 듣는다. 시조는 초
장, 중장, 종장의 3장으로 구분한다. 초장에는 어떤 사건의 발단이나
원인 등 처음 느낀 감정과 생각을 쓴다. 중장은 사건의 전개, 비판,
비교, 대조를, 종장에는 어떤 사건의 결말이나 하고 싶은 말을 담는
다. 남구만의 〈동창이 밝았노라〉는 여기에 딱 어울리는 시조이다.

동창이 밝았느냐 노고지리 우지진다.
소 치는 아이는 상기 아니 일었느냐.
재 너머 사래 긴 밭을 언제 갈려 하느니.

아이들이 애송한 동시와 시조는 다음과 같다.

최계락의 〈엽서 한 장에〉, 이종택의 〈울까 말까〉, 권태응의 〈감자
꽃〉과 〈어린 보리싹〉, 서덕출의 〈봄편지〉와 〈멀리 떠나보고야〉, 윤동
주의 〈호주머니〉와 〈눈〉, 문삼석의 〈산골 물〉, 김구연의 〈강아지풀〉,
임길택의 〈흔들리는 마음〉, 정두리의 〈엄마가 아플 때〉, 김종상의 〈산
위에서 보면〉, 권오삼의 〈공부 벌레〉와 〈배불뚝이 과자 봉지〉. 외국
시로는 쥘 르나르의 〈뱀〉과 장 콕토의 〈귀〉의 경우 짧아서 좋아했다.
이방원의 〈하여가〉와 정몽주의 〈단심가〉는 모든 학년이 좋아했다. 저
학년들은 작자 미상의 〈나비야 청산 가자〉와 양사헌의 〈태산이 높다
하되〉, 남구만의 〈동창이 밝았노라〉를, 고학년의 경우 이호우의 〈바

위 앞에 서서〉나 왕방연의 〈천만 리 머나먼 길에〉를 좋아했다.

동시를 선택할 때는 어른이 먼저 소리 내어 읽어보고 가려 뽑아내
는 지혜가 필요하다. 첫인상에서 좋은 점수를 따기 위해서는 재미있
고 리듬감 있으며, 이미지를 그릴 수 있고, 아이들의 삶이 녹아 있어
공감을 끌어낼 수 있는 동시를 선택하는 것이 중요하다.

성적으로 연결되는 초등 비문학 독서법

맛보고, 즐기는 책 놀이

1. 책 맛보기 – 책 속의 호기심이나 의문을 일으키는 사건에 주목하라

백화점이나 마트에 가면 신제품을 홍보하기 위해 시식 행사를 자주 한다. 그런데 음식의 양이 딱 맛만 볼 수 있을 정도라 감질난다. 그런 까닭에 제품에 별다른 관심을 보이지 않던 사람도 일단 맛을 보고 나면 구매로 이어지는 경우가 많다.

'책 맛보기'는 이런 시식 코너에서 아이디어를 얻었다. 나의 시식 코너는 음식이 아닌 책을 맛보는 곳이다. 맛은 있으나 표지나 제목이 매력적이지 않아 독자의 눈길을 받지 못하거나, 두께가 두꺼워 선뜻 집어들기가 망설여지는 책들을 대상으로 한다. 홍보 방법은 시식 코너와 같다. 책에 대해 대충 이야기해준 후, 아주 재밌는 부분을 조금 읽어주어 맛보게 한다.

난 그 지점을 '호기심 유발 지점'이라 부른다. 이 지점을 찾는 방법은 간단하다. 이야기책의 경우 작가는 글을 쓸 때 이야기 구석구석

에 호기심이나 의문을 불러일으키는 사건을 배치한다. 일련의 사건들에 대해 작가는 정보를 주거나 주지 않고 머뭇거리는 일을 서로 엮어 이야기를 진행한다. 그러면 독자는 답을 알고 싶어 독서를 계속하게 된다. 책에서 궁금증이나 호기심을 일으키는 지점이 바로 '호기심 유발 지점'이다. 그 지점에서 읽기를 멈추면 아이들의 70% 정도는 스스로 책을 찾아 읽는다.

영국 근대 판타지 문학을 대표하는 필리퍼 피어스의 《한밤중 톰의 정원에서》(시공주니어)는 홍역에 걸린 동생을 피해 여름방학을 이모 집에서 지내게 된 톰이 주인공이다. 이모네 집은 오래된 집을 개조한 다세대주택이라 정원도 없고, 주변이 온통 주택으로 둘러싸여 답답하기만 하다. 거기다 시간과 맞지 않게 제멋대로 종을 치는 1층의 오래된 괘종시계 종소리도 신경에 거슬린다. 잠이 안 와 뒤척이던 어느 날 밤, 톰은 괘종시계가 13번을 치는 걸 듣고 깜짝 놀라 1층으로 내려와 시계를 살펴보지만 껌껌해서 아무것도 보이지 않는다. 불을 켤 수 없는 상황에서 톰은 달빛을 이용해 시계를 보려고 뒷문을 연다. 그런데 쓰레기통밖에 없다던 뒤뜰에 아름다운 정원이 펼쳐져 있다.
아이들에게 이 책을 소개할 때는 앞 부분은 스토리텔링으로 대신했다. 읽어준 부분은 3장 〈달밤에〉라는 챕터로, 엉터리 괘종시계를 보기 위해 뒷문을 열다 아름다운 정원을 발견하는 장면부터다. 시간은 대략 3분 정도 걸린다. 여기까지 읽어주고 책을 내려놓으면 아이들은 다음 이야기가 궁금해서 애가 탄다. 정원은 어떤 정원인지, 그곳에 어떻게 정원이 있게 된 건지, 톰이 혹시 꿈을 꾼 건 아닌지에 대해서 '호기심 신이 강림'을 하게 된다. 이것이 아이들을 낚는 방법이다.

2. 책에 나오는 놀이 따라 해보기

현덕의 동화집 《너하고는 안 놀아》(창비)는 1930년대 아이들의 일상을 그린 동화책이다. 책에는 '노마'와 '영이', '기동이'와 '똘똘이'가 나온다. 부잣집 아이인 기동이만 빼면 모두 가난한 집 아이들이다. 주인공 노마는 아버지 없이 삯바느질하는 어머니와 단둘이 살지만, 창의성도 뛰어나고 씩씩한 어린이다. 노마의 단짝 영이는 장사하러 간 어머니를 대신해서 동생을 돌보는 기특한 아이다. 똘똘이는 다른 아이들보다 어리고 키도 작고 소심하다. 각자의 형편은 다르지만 이들은 늘 같이 어울려 논다. 때론 기동이가 장난감을 뽐내고 욕심을 부리다가 따돌림을 당하기도 하지만 그것도 잠깐이다. 다음날이면 언제 그랬느냐는 듯, 같이 어울려 논다.

무엇보다 이 책에는 재미있는 놀이가 여럿 나온다. 고양이 놀이를 하며 반찬으로 쓸 북어를 뜯어 먹고, 새끼줄로 전차 놀이를 하는 아이들의 모습은 어릴 때 추억과 겹쳐 더 재미있다. 신기한 건 아이들이 장난감이 없어도 재미있는 놀이를 만들어가며 논다는 것이다. 세밀한 관찰과 정확한 묘사 덕분에 책을 읽다 보면 아이들 노는 모습이 눈에 그려진다.

지금도 그렇지만 처음 독서 교실을 시작한 20년 전에도 아이들은 바빠서 놀 시간이 없었다. 여기에 착안해서 아이들과 책에 나오는 놀이를 해보기로 했다. 책을 읽기 전에 아이들에게 예고를 했다.

"얘들아, 이 책에는 여러 가지 재미있는 놀이가 많이 나와. 읽어보면 깜짝 놀랄 거야. 여기 나오는 놀이를 함께 해보지 않을래? 그러려면 우선은 책을 잘 읽어와야 하는데 할 수 있겠니? 한 번에 세 편을 3번 읽어와서 우리도 똑같이 노는 거야? 어때?"

"…."

'엥 이 반응이 뭐지? 용기를 내어 제안한 건데.'

좋아하리라 생각했는데 예상한 반응이 아니라 당황스러웠다. 과자를 시상으로 걸었더니 반응이 왔다. 처음 한 놀이는 '고양이 따라하기'였다. '고양이'는 책 처음에 나오는 놀이다. 지금이야《고양이》그림책이 나와 이미지를 상상하기 쉽지만, 당시에는 몇 쪽의 삽화만 있어 자세히 읽지 않으면 따라 할 수 없었다. 준비물로 커다란 고양이 솜 인형과 아이들이 좋아하는 과자를 준비했다. 과자는 최대한 책 내용에 가깝게 흉내를 낸 아이에게 주었다. 그러니 책을 꼼꼼히 읽을 수밖에 없었다. '고양이'를 따라 할 때, 아이들은 정말 많이 웃었다. 못하면 못하는 대로 웃고, 잘하면 감탄하면서 웃었다. 어떤 아이는 고양이 흉내를 내면서 준비해둔 과자를 물고 달아나기도 했다.

그 외에도 놀이터에 나가 물총놀이도 하고, 기름과자를 먹으면서 기동이가 했던 것처럼 뻐겨보기도 했다. 새끼줄 대신 노끈을 묶어 기차놀이도 하고, '포도와 구슬'을 읽을 때는 역할극을 해보기도 했다. 말하자면 책은 놀이 설명서였다. 이렇게 한 권의 책을 놀이로 진행하니 아이들은 그 시간을 기다렸다. 재미있게 논 덕분에 현덕의 다른 작품들도 부담 없이 읽을 수 있었다.

3. 독서 체험 학습

책을 읽는 이유는 직접 경험할 수 없는 것들에 대한 지식과 정보를 간접적으로나마 경험할 수 있기 때문이다. 학교에서 체험 학습을 권장하는 이유도 같은 맥락이다. 그런데 책에 나온 것을 직접 경험할 수 있다면 독서의 즐거움은 배가 된다. 실제 현장에서 직접 보고 듣고 만지고 맛보는 것은 어떤 학습보다도 교육적 효과가 크고, 경험은 배경지식으로 쌓인다.

① 책에 나오는 음식 직접 만들어보기

독서 체험활동은 《손 큰 할머니의 만두 만들기》(재미마주)를 읽어주었을 때 시작되었다. 만들기를 좋아하는 작은 아이에게 책을 읽어주었더니 만두를 만들어보고자 떼를 썼다. 큰아이가 가세하니 막을 수가 없었다. 알겠다고 하면서 단서를 달았다. 처음부터 끝까지 함께하기. 막상 한다고 했지만 먹어본 적은 있지만 만들어본 적이 없는 만두를 빚자니 엄두가 안 났다.

만두를 빚으려면 만두소를 만들어야 하는데 재료가 여럿이고 물기 없이 짜야 해서 일이 많았다. 분담이 해결책이었다. 아이들은 씻어 놓은 묵은지와 숙주, 당면 등을 가위로 잘게 자르는 일을 했다. 만두피는 마트에서 샀고, 만두를 빚을 때는 그림책에서처럼 온 가족이 둘러앉아 빚었다. 그렇게 우리 집 만두 빚기는 시작되었다. 지금도 명절이 되면 아이들과 둘러앉아 만두를 빚는다.

② 책 속 배경 방문하기

책을 읽고 작품의 배경이 된 장소를 방문하는 것도 독서 동기를 자극한다. 대개 작가들은 실존 인물이나 실제로 존재하는 배경을 대상으로 글을 쓸 때 관련 자료도 찾아보고, 무대가 되는 현장도 찾아가기도 한다. 그곳에서 작가들은 현장 냄새와 분위기를 상상한다. 어린이 책이라고 예외는 아니다. 책 속 배경이 되는 장소를 방문하여 주인공이 어떤 마음으로 그 장소를 바라보았는지, 작가가 독자에게 전하고자 하는 메시지는 무엇이었는지를 생각해보면 작품을 더 깊이 이해할 수 있다.

이규희 작가의 《어린 임금의 눈물》(주니어 파랑새)은 수양대군에게 왕위를 빼앗기고, 영월로 귀양 가서 죽은 단종 임금의 애달픈 운명을 이야기하고 있다. 조선 6대 임금이었던 단종은 태어난 지 하루 만에 어머니 현덕왕후 권씨를 잃고, 12세 되던 1452년엔 아버지 문종마저 승하했다. 12살 어린 나이에 왕위에 올랐으나, 3년 뒤 숙부인 수양대군(세조)에게 권좌를 빼앗기고 상왕으로 물러난다. 1457년엔 사육신의 단종 복위 운동에 연루돼 신분이 노산군(魯山君)으로 강등된 채 영월 청령포로 유배된다. 그의 나이 17살이었다.

영월 청령포는 강 가운데에 있는 섬이다. 삼면이 강이고, 나머지 한쪽은 험준한 육육봉으로 막혀 있어, 배가 없으면 왕래가 힘든 곳이다. 청령포에는 그가 머물렀던 기와집인 단종어소와 특이한 모습의 소나무 한 그루가 서 있다. 이 소나무는 담을 넘어 마당 한가운데까지 가지를 뻗어 흡사 어린 임금 앞에 부복하는 듯한 모습이다. 솔숲에는 국내 소나무 중 가장 키가 크다는 관음송(30m)이 서 있다. 단종의 유배 생활을 지켜보고(觀) 단종의 절규를 들었다(音)는 수령 600여 년의 노송이다. 솔숲 뒤편은 단종이 아내를 그리며 쌓았다는 망향탑과 한양을 바라보며 시름에 잠겼다는 노산대가 있다.

진짜 작가님을
만날 줄이야!

가끔 책을 읽다 보면 책보다 작가에 대해 궁금해지는 때가 있다. 그의 자라온 환경, 성격, 작가란 직업을 갖게 된 동기나 글쓰기 습관 등등 말이다. 이금이 작가의 작품을 처음 접한 것은 큰아이가 학교에서 빌려온 《밤티마을 큰돌이네》(푸른책들)을 읽게 되면서였다. 아이들에게 읽어주면서 나도 모르게 눈물을 흘리게 된 장면이 있었는데, 바로 늦은 밤 아버지에 의해 쫓겨나 남의 외양간에서 밤이슬을 피하고 있는 내용이었다. 큰돌이네 아버지는 아내가 도망간 후, 술만 먹으면 아이들을 집에서 쫓아냈다. 쫓겨난 아이들은 졸린 눈을 비비며 술 취한 아버지가 잠들기를 기다렸다. 그 장면은 나의 어린 시절을 생각나게 했다. 혹시 작가도 이런 어린 시절을 보냈을까? 그렇다면 무슨 이유에서였을까? 그런 궁금증을 품은 지 10년 만에 기회가 찾아왔다.

사연은 이렇다. 강남구에서 자원봉사 대회를 개최했다. 강남 에르디아는 장려상과 함께 부상으로 25만 원의 현금을 받았다. 물론 그 돈은 여름 방학 동안 대회 준비하면서 땀 흘린 언주중학교 2학년였던 에르디아 회장인 이윤진과 김린아가 받아야 마땅했다. 하지만 아이들은 그 돈으로 작가를 초청하여 강의를 듣고 싶어 했다.

토론을 통해 결정된 작가는 아이들과 함께 읽은 《거기 내가 가면 안 돼요?》(율로율로)의 작가 이금이 선생님이었다. 물론 25만 원이라는 돈은 대작가를 초청하기에 터무니없이 적은 금액이었다. 하지만 일단 문을 두드려 보기로 하였다. 그렇게 이윤진은 메일을 보냈고, 선생님은 아이들의 정성에 감동해 선뜻 강연을 허락해주셨다.

2019년 5월 18일 토요일 오전 11시~13시, 대치1 다목적 강당에서 강남 에르디아 청소년들이 가장 좋아하고 만나고 싶어 하는 작가 이금이의 초청 강연이 있었다. 중고생 30여 명이 함께했다. 진행은 1, 2부로 나누어 했다. 1부는 《거기, 내가 가면 안 돼요?》라는 책으로 토론을 하고, 2부는 선생님의 이야기를 듣는 순서였다.

《거기, 내가 가면 안 돼요?》는 일제강점기와 해방 전후를 배경으로 수남과 채령, 두 아이의 성장과 삶의 궤적을 그렸다. 경성 가회동에서 시작하여 일본, 중국, 러시아, 미국 등으로 이어지는 파란만장한 여정은 혼란의 시기, 격변하던 세상의 모습을 담고 있다. 이를 위해 작가는 교토, 요코하마, 뉴욕, 샌프란시스코 등을 직접 답사하며 역사의 흔적을 되짚었다.

강연은 차분하고 잔잔한 목소리로 시작되었다. 이야기는 크게 전공도 안 한 자신이 어떻게 작가가 될 수 있었는지와 작품에 얽힌 여러 가지 이야기가 주를 이루었다. 강연이 끝난 후에는 학생들과 일문일답을 주고받았다.

작품 《거기 내가 가면 안 돼요?》에 대해

이 이야기는 아주 오래전에 마음속에 품고 있었다. 하지만 엄두가 안 났다. 처음 작품을 구상할 때 작품의 시대적 배경은 일제강점기가 아니었다. 그러나 국토를 종단해서 어디론가 가는 이야기를 구상하다 보니 일제강점기가 배경이 되었다. 시대적 배경이 결정되자 일제강점기에 대한 자료를 닥치는 대로 읽기 시작했다. 100권 정도 읽었더니 작품을 쓸 자신이 생겼다.

관련 자료를 읽다 보니 일제강점기를 살았던 지식인 여성에게 매료되었다. 가장 이목을 끈 인물은 우리나라 여성으로는 최초로 스웨덴에서 경제학 학사 학위를 받은 최영숙이다. 하지만 시대를 너무 앞서간 탓에 뜻을 펼쳐보지도 못하고 요절했다. 주인공 김수남은 평범한 삶을 살아온 작가의 친할머니와 최영숙이 모델이 되었다.

성적으로 연결되는 초등 비문학 독서법

작품에서 말하고 싶은 이야기

요즘 사람들은 뭔가 되지 않으면 그 삶이 가치가 없다고 생각한다. 하지만 성공하지 못했다고 실패한 삶은 아니다. 살아온 그 자체로 모두는 존중받아야 한다. 주인공 수남이 역시도 '수남의 삶 자체'만으로 존중받아야 마땅하다.

영화 속 주인공은 정의를 실현하며 관객들에게 카타르시스를 안겨주지만, 현실은 그렇지 않다. 수남이가 아들 진수에게 진실을 털어놓았을 때, 아들은 자살로 생을 마감한다. 이것이 우리의 현실이다. 영화 같은 현실이 아니라, 현실, 그 자체에 대해 이야기하고 싶었다.

다음은 에르디아 청소년들의 질문에 대한 답변을 모아 정리했다.

– 작가로서 꿈꾸는 '거기(이상향, 꿈꾸는 곳)'는 무엇인가요?

독자들에게 늘 새롭고 발전하는 작가라는 인상을 주고 싶다. 또한 '글과 사람이 다르지 않구나!' 하는 소리를 듣고 싶었다. 기회가 된다면 떠돌아다니면서 살고 싶다. 낯선 곳에 가서 한 1년 정착해서 그곳 사람처럼 살고 싶다.

– 청소년이 배웠으면 하는 삶의 자세는 무엇인가요?

인생사 새옹지마다. 작은 일에 너무 일희일비하지 말고 늘 평정심을 유지했으면 한다. 작품의 무대가 대륙을 횡단하는 것으로 잡은 것도 현실에 매몰되어 있는 청소년들에게 넓은 세상을 바라보며, 도전 의식을 심어주고 싶었다.

《거기, 내가 가면 안 돼요?》는 작년에 2번, 올해 1번 총 3번 읽은 소설이다. 하지만 읽을 때마다 아들 진수의 자살에 대해, 수남이의 비극적인 삶에 대해 마음이 아렸다. 종종 왜 작가는 수남이를 비극적 인물로 그렸을까? 대체 작가는 이 작품을 통해 무엇을 말하려 했을까? 등등. 묻고 싶은 것이 많았다.

강연을 들으면서 내가 얼마나 출세 지상주의에 물들어 있었는지 깨닫게 되었다. 나 역시 무언가 이루어야 한다는 강박을 가지고 살아왔다. 오늘 "성공하지 못했다고 실패한 삶은 아니다. 삶은 그 자체로 존중받아야 한다."는 선생님의 말씀으로 인해 내 삶도 위로를 받았다. 맞다. 삶은 만만한 게 아니다. 돈을 많이 벌지 않아도, 크게 출세하지 않아도 주어진 삶을 열심히 살아낸 그 자체가 대단한 것이다.

이 자리를 빌어 강연을 주선한 이윤진 북코치와 여름 한철 자원봉사 대회를 위해 이윤진 북코치와 함께 수고한 김린아 북코치에게 감사의 마음을 전한다. 더불어 어린 독자의 마음에 감동하여 선뜻 재능을 베풀어주신 이금이 작가님께도 감사의 마음을 전한다.

chapter 5

책을
좋아하게 만드는
작은 습관들

책 읽는 습관을 만들어라

"우리가 반복적으로 하는 행동이 바로 우리가 누구인지를 말해준다. 그러므로 중요한 것은 행위가 아니라 습관이다."

– 아리스토텔레스

습관이 되면 어렵지 않다

2022학년도 수능에서 유일하게 전 영역 만점자 김선우 씨는 이런 습관의 힘을 잘 보여주었다. 그는 어릴 때부터 책 읽기를 즐겼다. 고등학생이 되어서도 인문학과 사회학 분야의 두꺼운 책을 1년에 10권 정도 읽었다. 반수를 할 때도 책 읽기는 계속되었다. 인터뷰에서 그는 어릴 때부터 계속되어온 독서 습관이 국어 공부에 도움이 되었다고 말했다. 그에게 독서는 밥을 먹는 것처럼 자연스러운 습관이었다.

습관은 과거의 말이나 행동, 생각이 쌓이고 쌓여서 만들어진다. 습관이 되면 해야 할지 말아야 할지 고민하지 않는다. 하던 일이니까 그냥 한다. 어릴 때부터 손 씻기가 습관이 된 사람은 외출하고 돌아오면 의식하지 않아도 자연스럽게 화장실로 향한다. 습관은 일단 몸에 배면 우리 인생에 강력한 무기가 된다. 그중에서도 가장 중요한 습관은 바로 책 읽는 습관이다.

빌 게이츠는 "오늘의 나를 있게 한 것은 우리 마을 도서관이었고, 하버드 졸업장보다 소중한 것이 독서하는 습관이다. 처음에는 내가 습관을 만들지만, 나중에는 습관이 나를 만든다."라고 말했다. 빌 게이츠가 그렇듯 성공한 사람들은 대부분 독서광이다. 빌 게이츠의 예에서 보았듯이 독서 습관은 삶에 커다란 영향을 미친다. 독서 습관은 인생이란 험준한 바다를 항해하는 데 나침판과 같은 역할을 한다. 책 읽는 습관이야말로 부모가 자식에게 물려줄 위대한 유산이다.

그렇다면 어떻게 습관을 만들 수 있을까? 얼마나 오랫동안 지속해야 습관으로 굳어질까? 새해가 되면 나름의 계획을 세운다. 운동을 시작하거나, 일찍 일어나거나, 게임 시간을 줄이거나, 담배를 끊겠다고 결심한다. 늘 사람들은 해가 바뀌면 새해 계획을 세우기 마련이다. 하지만 굳게 먹은 마음은 주변의 이런저런 상황들과 타협하면서 한 달을 넘기지 못하고 폐기처분 된다.

즐거우면 계속하게 된다

사람들은 누구나 여러 가지 습관을 갖고 있다. 그중에는 버려야 할 나쁜 습관도 있고, 계속 이어 나가야 할 좋은 습관도 있다. 밖에서 돌아오면 손 씻고, 양치를 하는 것은 내 오래된 습관이다. 이에 비해 연초에 거창하게 세운 '매일 매일 운동하기'나 '외국어 배우기'는 아무리 굳은 결심을 하고 마음을 다잡아도 습관으로 정착하지 못하고 번번이 실패한다. 왜 그럴까? 왜 한쪽은 성공하고, 한쪽은 실패할까? 이는 뇌의 작동 원리와 관계가 있다.

우리의 뇌는 기억, 감정에 관여하는 부위인 편도체에서 오감을 통해 들어온 정보가 유쾌한 정보인지 아닌지를 과거의 기억을 바탕으로 가려낸다. '유쾌한 정보(좋음, 즐거움, 기쁨, 설렘)'라고 느끼면 시키지 않아도 가까이 하려고 하는데, 이것을 '접근 반응'이라고 한다. 반면, '불쾌한 정보(싫음, 지루함, 슬픔, 분노, 힘듦)'라고 느낀 것은 멀리한다. 일종의 '회피 반응'이다. 그래서 좋아하는 것은 계속하고, 싫어하는 것은 피하게 된다. 결국 습관은 뇌의 호불호로 정해진다.

운동이나 외국어는 즐거워서 하는 게 아니라 해야 하니까 한다. 어느 정도 실력이 될 때까지는 배우는 게 지루하고 힘들다. 어려움을 이겨내면 습관으로 자리 잡지만 대부분은 고비를 넘기지 못하고 좌절한다. 이는 우리의 뇌가 이성적이 아니라, 재미있거나 즐거움에 반응하기 때문이다.

성적으로 연결되는 초등 비문학 독서법

그런데 편도체가 유쾌와 불쾌를 판단하는 기준은 과거의 기억에서 느끼는 감정이다. 똑같은 일도 과거 어떤 기억을 가지고 있느냐에 따라 판단이 달라진다. 책 읽기 습관도 마찬가지다. 과거에 독후감 쓰기나 한글을 뗄 목적으로 책 읽기를 한 기억이 있다면 예전 데이터를 바탕으로 편도체는 독서를 '불쾌함'이라고 판단한다. 반대의 경우도 마찬가지다. 책 읽기가 재미있다고 기억하는 사람은 편도체에서 '책 읽기'를 '즐거운 일'이라고 생각한다. 즐거운 일은 시키지 않아도 자꾸 하게 되고, 그러다 보면 습관으로 굳어질 확률이 높아진다. 그러므로 독서를 습관으로 만들기 위해서는 '책이 재미있다, 읽으면 신난다.'라는 생각을 심어주면 된다.

초등학생은 부모의 보살핌이 많이 필요한 시기이다. 책을 좋아하게 만들려면 부모의 관심과 노력이 절대적이다. 어릴 때의 독서 습관은 100% 부모의 노력으로 만들어진다. 처음부터 욕심내지 않고 꾸준히 노력해야 습관으로 자리 잡을 수 있다.

부모의 관심과 태도가 책 읽는 아이를 만든다

대부분 부모는 자녀가 책을 많이 읽기를 원한다. 주변에서 어렸을 때 책을 많이 읽은 아이들이 공부를 잘하거나, 크게 성공하는 모습을 보았고, 경험으로 그런 아이들이 말도 잘하고 똑똑하다는 걸 알기 때문이다. 그러면서 비록 나는 읽지 않아도 내 자식에게는 책을 많이 읽혀야겠다고 생각한다.

자식 교육에는 수많은 변수가 있다. 부모가 신경을 쓰지 않아도 잘되는 아이가 있고, 온갖 정성을 들여도 안 되는 아이도 있다. 이런 변수 때문에 단정적으로 '이거다'라고 말할 수 없다. 그럼에도 한 가지 분명한 사실이 있다. 책 읽는 아이들의 부모는 책 읽는 사람인 경우가 많다. 따로 읽으라고 하기보다 그냥 부모가 읽으니 옆에서 따라 읽는다. 부모의 책을 대하는 태도는 자연스럽게 아이에게 전해진다.

내 경우도 그렇다. 우리 아버지는 책 읽는 아버지였다. 책이 귀하던 시절, 우리 집은 책이 많았다. 일요일이면 아버지는 종일 책을 읽었고, 가끔은 밤새우기도 했다. 종종 책을 읽어주며 우리의 생각을 묻기도 했다. 그런 환경에서 자란 내게 책 읽기는 당연한 일이었다.

그런데 시대가 변했다. 클릭 몇 번이면 얼마든지 재미있는 영상을 볼 수 있다. AI는 알고리즘에 의해 취향 저격 동영상까지 찾아준다. 문제는 영상에 많이 노출된 아이들은 책 읽는 일을 따분하고 지루하다고 생각한다. 그럴 수밖에 없는 것이 영상은 메시지를 즉각적으로 전달하지만, 책은 생각하며 읽어야 한다. 그냥 글자를 읽는 게 아니라 내용을 머릿속에서 상상하고 추론해야 의미를 제대로 파악할 수 있다. 즉, 고도의 정신적인 활동을 요구한다.

그래서 영상에 익숙한 아이들은 깊은 사유가 힘들다. 그들에게 고도의 정신적 활동을 요구하는 책 읽기는 재미없고, 지루하기만 할 뿐

성적으로 연결되는 초등 비문학 독서법

이다. 문제는 영상을 많이 접할수록 뇌는 본능적으로 힘들고 고통스러운 일을 피하는 경향이 있으므로 책과 점점 멀어진다. 그렇게 되면 안 읽는 사람은 더 안 읽고, 읽는 사람은 더 많이 읽는 독서의 '빈익빈 부익부' 현상은 강화된다.

책 읽어주기는 빠를수록 좋다

책 읽는 습관이 자리 잡으려면 어릴 때부터 매일 꾸준히 책을 읽어주면 된다. 하루에 10분이라도 규칙적으로 읽어주는 게 중요하다. 어린 시절 책 읽는 습관이 자리 잡히면, 어른이 되어서도 책을 좋아할 확률이 높아진다.

책 읽어주기 가장 좋은 시기는 전문가마다 다르다. 누구는 태어나자마자 읽어주어야 한다고 하고, 누구는 6개월 정도가 좋다고 한다. 나는 전자를 지지한다. 우리 아이의 경우 태어나서 2달 정도가 되었을 때부터 책을 읽어주었다.

사연은 이렇다. 신생아 때 큰아이는 유난히 잠투정이 심했다. 특히 선잠을 깨거나 졸릴 때면 우는 일이 잦았다. 병원에 가서 상담했더니 울 때 경쾌한 동요를 불러주거나 책을 읽어주라고 했다. 처음에는 의아했다. 그러다 속는 셈 치고 아이가 울 때 나지막한 목소리로 동요를 불러주었다. 신기하게도 울음을 그쳤다. 우연이겠지 생각하고 노래를 멈추자 다시 울기 시작했다. 설마가 사실이 된 것이다. 동요의 놀라운 효과를 경험하고부터는 잠투정하거나 울 때 전래동화를 읽어주거나 동요를 불러주었다.

갓난아기는 큰아이들처럼 동요를 이해해서 즐기는 건 아니다. 단지 리듬과 소리를 즐길 뿐이다. 경쾌한 동요는 엄마의 심장박동 소리와 닮아있다. 그런 노래를 엄마가 불러주었으니 편안하게 느낀 건 당연한 일이었다. 거기다가 동요나 책을 반복해서 불러주거나 읽어주면 단어, 문장, 리듬을 자연스럽게 익힐 수 있다. 반복은 학습의 기본이다. 많이 들으면 들을수록 언어능력이나 음악에 대한 감수성도 높아진다. 그러므로 시기는 빠르면 빠를수록 좋다.

하루 중 어느 때 읽어주어야 할까?

책을 언제 읽어주어야 좋은지에 대해 정해진 시간은 따로 없다. 각자의 형편에 맞게 자유롭게 정하면 된다. 원칙은 최대한 자주, 규칙적으로 정해진 시간과 장소에서 읽어주는 것이 좋다. 아이들은 예측 가능한 상황에서 편안함을 느낀다. 다음 일어날 일을 예상할 수 있을 때 아이들은 안정감을 느낀다. 장소는 아이가 좋아하는 곳이면 어디든 좋다. 아이 방의 침대 위나 소파 위, 아니면 텐트를 쳐 놓고 그 속에 들어가서 호젓하게 읽어줄 수도 있다. 중요한 건 규칙적으로 매일 밤

같은 장소, 같은 시간대에 진행해야 한다. 규칙적인 일과는 아이에게 좋은 습관을 만들어주고, 심리적인 안정감을 느끼게 해준다.

규칙적으로 책을 읽어주기 위해서는 일단 부담이 없어야 한다. '욕심'은 습관을 형성하기 어렵게 만드는 방해 요인이다. 예를 들어, 책 읽어주기가 아이에게 좋다는 얘기를 듣고, 하루에 10권의 책을 읽어주겠다고 계획을 세웠다고 하자. 물론 생각한 대로 할 수 있다면 더할 나위 없다. 하지만 삶은 그렇게 만만하지 않다. 살다 보면 아픈 날도 있고, 부부 싸움을 하거나 종일 바쁜 날도 있다. 때로는 예기치 않은 사고가 생기기도 한다. 처음부터 욕심을 내면 책 읽어주기는 부담으로 다가온다. 우리의 목표는 독서 습관 만들기다. 이는 장거리 달리기와 같다. 천 리 길도 한 걸음부터다. 빨리 달리면 금방 지친다. 속도를 늦추고 천천히 달려야 완주할 수 있다. 그러려면 문턱을 낮추어야 한다.

부담 없는 시간 10분

정말 하루 10분이면 아이에게 독서 습관을 심어줄 수 있을까? 물론이다. 문제는 부모가 꾸준히 실천할 수 있느냐에 달려 있다. 어찌 보면 10분은 짧은 시간이다. 그렇지만 10분 동안 할 수 있는 일은 생각보다 많다. 간단한 설거지를 할 수도 있고, 자질구레한 집안일, 예를 들어 창틀 닦기, TV 화면 닦기, 싱크대 물기 제거, 화분 물주기 등등. 찾아보면 10분 안에 할 수 있는 일은 아주 많다. 빌려왔으나 시간이 없다는 핑계로 읽지 않은 책도 하루 10분만 읽자 마음먹으면 일주일 동안 꽤 많은 분량을 읽을 수 있다.

무언가를 시작할 때, 처음에는 누구나 의욕과 열정을 불태운다. 더구나 책 읽어주기는 자식을 위한 일이다. 그러나 온종일 일하고 돌아와 저녁 준비하고, 이런저런 집안일을 챙기다 보면 체력적으로 힘들다. 아이들이라 타협도 쉽다. 이럴 땐 일상과 만들고 싶은 습관을 붙여 행동하면 힘들이지 않고 습관을 형성할 수 있다.

공신 강성태는 만들고 싶은 습관을 반복되는 '일상'과 붙이면 어렵지 않게 습관으로 만들 수 있다고 했다. 실제로 강성태는 퇴근(일상) 후 집에 들어가기 전에 집 앞 운동기구로 턱걸이를 매일같이 연습했다. 이렇게 계속하다 보니 생각하지 않아도 귀가 전에 집 앞 운동기구로 향하게 되었다. 우리 집의 경우 양치질(일상)과 책 읽어주기를 연결해 습관화했다. 우리 집 아이들은 어릴 때 새벽잠이 없어 일찍 깼다. 그러니 저녁에는 일찍 잠자리에 들었다. 그걸 고려해 저녁 먹고 양치질이 끝나면 바로 책을 읽어주었다. 이렇게 일주일을 하다 보니 양치질하고 나면 으레 책을 빼 들고 엄마를 기다렸다. 놀러 가서도 양치질이 끝나면 책을 읽어달라고 할 정도였다. 물론 이것은 우리 집의 사례이다. 정답은 없다.

다른 방법은 소문을 내는 것이다. 꼭 가까운 사람이 아니어도 괜찮다. 친구들이 모여 있는 단톡방이 부담스럽다면 동호회 카페나 개인 블로그도 괜찮다. 매일 아이들과 읽은 책을 사진으로 올리면 응원하거나 격려해주는 누군가가 생긴다. 그렇게 되면 그만두려 해도 그만둘 수 없다. 타인의 격려나 지지를 받으면 거기에 기대 꾸준히 계속할 힘을 얻을 수 있다.

이렇게 자연스럽게 하게 되는 구조를 만들면 의욕이나 열정에 기대지 않고도 계속할 수 있는 환경을 만들 수 있다. 습관으로 정착되면 시간을 조금씩 늘려도 으레 해오던 일이라 부담스럽지 않다.

행복한 추억의 시간

책을 읽어주는 일은 자녀와 함께 시간을 보내는 특별한 시간이며, 아이와 공유할 행복한 추억을 만드는 일이다. 생각해보면 아이들이 어렸을 때 항상 책과 함께했다. 침대 머리맡에 기대 양옆에 아이들을 앉히고 책을 읽으며 느꼈던 행복한 기분은 아직도 생생하다. 은은한 베이비 오일 냄새, 함께 읽었던 그림책들, 아이들 옆에 나란히 기대 앉은 곰돌이 인형들, 책을 읽다 눈물 흘렸던 일들은 오랜 시간이 흘렀어도 잊을 수 없다.

아이들은 마거릿 와이즈 브라운의 《굿나잇 문(Goodnight Moon)》

(HarperTrophy)이란 책을 유독 좋아했다. 한 번 책을 들면 적어도 서너 번은 읽어줘야 했다. 읽어주는 동안 두 아이는 이리저리 옮겨 다니는 생쥐를 찾기에 바빴다. 하도 많이 읽어주다 보니 외울 정도였다.

신기한 건 한시도 가만히 있지 못하는 아이들인데, 책을 읽어줄 때면 가만히 앉아서 집중해서 듣고, 그림도 열심히 보았다. 가끔은 궁금한 걸 묻고 답하느라 책 읽기가 뒷전이 된 적도 많다. 하지만 그건 그것대로 좋았다. 돌아보면 책을 읽어주고, 이런저런 이야기를 주고 받을 때가 가장 행복했다.

언제까지 읽어주나요?

저학년 부모들이 가장 많이 하는 질문은 '언제까지 책을 읽어주어야 하느냐?'이다. 물론 그 심정을 모르진 않는다. 아이가 어릴 때 읽어주는 그림책은 글보다 그림이 더 많다. 쪽수도 많아야 16쪽 내외다. 3권 이상을 읽는다고 해도 목이 아플 정도는 아니다. 그런데 초등학교에 들어갈 무렵이 되면 글밥은 점점 많아진다. 한 번에 읽기에는 부담스럽다. 더구나 '한글을 떼기까지 했는데 꼭 읽어주어야 할까?'라는 생각도 든다.

한글을 뗀 후에도 읽어주어야 하는 이유는 읽기 능력과 듣기 능력 차이 때문이다. 듣기 능력은 읽기 능력보다 먼저 발달한다. 영유아부터 발달하는 듣기 능력은 생후 18~24개월이 되면 비약적으로 발달한다. 이에 비해 읽기 능력은 한글을 떼면서부터 발달하며, 듣기 능력과 읽기 능력이 같아지는 시기는 중학교 2학년 무렵이다.

이는 영어 배우기를 생각해보면 좀 더 쉽게 이해된다. 우리는 영어를 10년 이상 배운다. 알파벳도 잘 읽고 쉬운 문장도 잘 읽는다. 그렇다고 해서 영어책을 술술 읽는 것은 아니다. 아이들도 마찬가지다. 비록 모국어이긴 해도 한글을 떼었다고 해서 잘 읽는 것은 아니다. 그러기 때문에 아이가 한글을 뗀 후에도 꾸준히 읽어주어야 한다. 이때 들었던 어휘는 어휘 저장 창고에 쌓이고 쌓여 읽고 쓰고 말할 때 귀중한 자원이 된다.

《하루 15분, 책 읽어주기의 힘》(북라인) 저자 짐 트렐리즈는 책 읽어주기를 마케팅에 비유하면서 맥도날드의 성공적인 마케팅 전략을 소개한다. 맥도날드는 지난 반세기 동안 사업을 하면서 단 한 해도 마케팅 예산을 삭감한 적이 없다. 다음 해 예산은 늘 올해 예산을 넘었다. 이는 광고에 자주 노출될수록 상품 더 잘 팔리는 고도의 마케팅 전략이며, 기업들이 광고비를 줄이지 않는 이유다. 짐 트렐리즈는 책 읽어주기도 일종에 광고라고 말한다. 즉, 책을 읽어줌으로써 책 읽기의 즐거움을 광고하는 것이다. 많이 읽어주면 줄수록, 책에 대해 많이 이야기하면 할수록 책을 읽을 확률은 높아진다.

환경이 책 읽는 아이를 만든다

집에 책이 있으면 책에 관심을 가질 확률이 높아진다. 그 책이 아이가 좋아하는 책이라면 더더욱 그렇다. 최근 오스트레일리아 대학과 미국 경제학자들이 가정에서의 책 보유 규모와 인지능력과의 상관관계를 연구하였다. 연구 결과 책 보유량이 아이들의 인지능력에 영향을 미치는 것으로 조사 되었다. 이뿐만 아니라 성인이 된 뒤 벌어들이는 소득과도 상관관계가 있음이 드러났다. 경제적 어려움이나 기타의 사정으로 집에 책을 비치하기 어려운 경우라면 공공도서관을 이용해서라도 책에 노출되도록 해야 한다.

부모의 태도 역시 중요하다. 평소 책 읽는 모습을 보여주면 아이들도 자연스레 책에 관심을 가질 수 있다. 물은 아래로 흐른다. 부모의 책 읽는 모습을 보고 자란 아이들은 그렇지 않은 아이들보다 책을 읽을 가능성이 크고, 습관으로 자리 잡을 확률도 높다. 부모는 아이의 거울이다. 아이가 책을 많이 읽기를 원한다면 부모가 모범을 보여야 한다.

가장 안 좋은 경우는 아이를 TV나 컴퓨터 앞에 방치하는 경우다. 어렸을 때 TV 앞에만 있던 아이는 커서도 책을 읽지 않는다. 많이 노출되면 될수록 책과는 점점 멀어진다. 컴퓨터나 핸드폰도 마찬가지다. 아이가 책 읽기를 원하면 TV나 컴퓨터, 핸드폰은 정해진 시간에만 이용하도록 지도하여야 한다.

성적으로 연결되는 초등 비문학 독서법

정기적으로 서점을 방문하는 것도 도움이 된다. 이때 아이 스스로 읽고 싶은 책을 고르게 하자. 비록 아이가 고른 책이 맘에 들지 않더라도 인정하고 지지해주자. 처음부터 잘하는 사람은 없다. 여러 번의 시행착오를 거쳐야 좋은 책을 고르는 안목이 생긴다.

도서관 이용도 도움이 된다. 아이들이 어릴 때는 동네에 도서관은 없고, 대신 규모가 작은 동 문고가 있었다. 아이가 어려서 갈 곳도 마땅히 없을 당시 동 문고로 책을 빌리러 가는 일은 일상이었다. 주말이면 집에서 조금 떨어진 '국립 어린이 청소년 도서관'에 갔다. 대출은 안 됐지만, 신간도 많고, 전시회도 많아서 꼭 놀러 가는 기분이었다. 지하에는 식당도 있어 책을 보다 배고프면 식당에 내려가 밥도 먹고, 좋아하는 코코아도 마시며 시간을 보냈다. 아이들과 종일 도서관에서 뒹굴다 보면 어찌 그리 시간이 잘 가는지.

도서관은 잘만 이용하면 활용법이 무궁무진하다. 일반 도서 대출은 물론 정기간행물, 신문, CD나 DVD도 빌려볼 수 있다. 자격증 강좌나 동화 구연, 독서 동아리를 운영하는 도서관도 많다. 아무리 책을 잘 안 읽는 아이라도 도서관에 가면 만화책이라도 읽는다. 그렇게 시작하면 된다. 운이 좋으면 아이의 마음을 끄는 책을 만날 수도 있다. 시작이 반이다.

질문의 힘

"질문은 우리가 상상하는 것 이상으로 강력한 도미노 효과를 유발한다. 우리가 부딪히는 한계에 대해 제기하는 질문은 삶의 장벽들을 무너뜨린다. 나는 모든 인간의 진보가 새로운 질문에서 비롯된다고 믿는다."

– 앤서니 라빈스, 《네 안의 잠든 거인을 깨워라》

질문은 궁금하거나 무언가를 해결하고자 할 때 생긴다. 질문을 받거나 떠오르면 사람은 본능적으로 답을 찾게 된다. 답을 찾기 위해서는 생각을 해야 한다. 질문을 하는 순간 생각이 시작되고, 인간은 그 생각에 따라 행동하고 존재해 왔다.

인류의 역사를 바꾼 모든 발명이나 발견은 질문이 사고를 자극한 결과이다. 페이스북은 '어떻게 하면 학교 친구들, 동호회, 커뮤니티들이 오프라인에서 만나지 않고도 서로의 의견과 관심사를 공유할 수 있을까?'라는 마크 주커버그의 질문에서 시작되었다. "왜 여자들은 코르셋으로 허리를 조이고 치렁치렁한 옷을 입어야 하는가?"에 대한 샤넬의 문제의식은 실용적인 여성 옷을, "어떻게 하면 백성들이 편하게 자신의 생각을 글로 전할 수 있을까?" 하는 세종대왕의 질문은 한글 창제로 이어졌다. 마크 주커버그, 샤넬, 세종대왕, 이들 모두 질문의 귀재였고, 질문을 통해 현실의 문제를 해결해 나갔다.

질문이 사라진 교실

아이들이 말을 배우기 시작하면 눈에 보이는 모든 것을 질문한다. "하늘은 왜 파래요?", "바람은 왜 불어요?", "방귀는 왜 나와요?", "할머니는 왜 늙었어요?" 등등 하루에도 수없이 귀찮을 정도로 질문한다. 아이들이 보는 세상은 궁금한 것 투성이다. 질문은 아이들이 세상을 알아가는 방식이다. 질문을 많이 할수록 주변 세상에 대한 지식은 쌓여간다.

이렇게 질문이 많았던 아이들이 학교에 들어가고 고학년으로 올라가면서 질문은 점점 사라진다. 초등 1학년 때 "질문 있나요?"라는 선생님의 물음에 열심히 손을 들던 아이들은 어디로 갔을까? 대체 그동안 무슨 일이 있었던 걸까? 여기에는 몇 가지 이유가 있다.

입시 위주의 교육 체계에서는 대답하는 법은 배우지만 질문하는 법은 가르치지 않는다. 정답이 중요하지 내 생각 따위는 중요하지 않다. 질문이나 기발한 아이디어는 입시에 아무런 도움이 되질 않는다. 질문 없이 가르쳐준 것을 받아 적기만 하면 된다.

다른 하나는 질문이 갖는 힘 때문이다. 질문을 하면 대답해야 하므로 질문하는 사람은 막강한 힘을 갖는다. 그런 까닭에 질문과 대답 사이에는 늘 긴장감이 형성된다.

예를 들어 선생님이 질문을 하면 답을 아는 학생들은 손을 들고, 나머지는 혹시라도 지적을 당할까 몸을 움츠리고 고개를 떨구게 된다. 그런 학생 중 한 명을 부르고 그 학생이 틀린 대답을 하게 되면 다른 학생들은 웃음을 터뜨린다. 이런 경험은 질문에 대해 부정적인 생각을 하게 만든다. 질문에 대한 대답은 우리의 정체성과 자존심, 다른 사람이 우리를 보는 방식, 우리가 다른 사람을 보는 방식에 영향을 미친다.

공적인 자리인 경우 질문은 용기를 필요로 한다. 학교에 들어가면 부모님은 "선생님 말씀 잘 들어라."라고 당부한다. 선생님의 권위에 순종하라는 뜻이다. 선생님이 가르쳐준 내용에 의문을 제기하는 것은 권위에 도전하는 일이다. 사정이 이러니 질문하는 자체가 두렵고 불편하다. 나보다 힘 있는 사람의 말에 맞서기보다는 그의 말을 인정하는 것이 더 편하다.

더구나 어렵게 용기를 내어 질문했는데 "이것도 몰라?", "지금까

성적으로 연결되는 초등 비문학 독서법

지 뭘 배운 거야?"라는 비난의 말을 한 번이라도 들은 경험이 있으면 다음부터 질문은 엄두도 못 낸다. 질문으로 내 무식함을 드러낼까 두렵고, 비난받을까 더 두렵다. 질문을 대하는 방식이나 주변의 반응이 이렇다 보니 질문이 있어도 속으로만 삼키게 된다. 교실에서 질문이 사라진 이유다.

책을 읽으며 질문해야 하는 이유

책을 많이 읽으면 생각하는 힘이 커진다고 한다. 이 말은 반은 맞고 반은 틀리다. 물론 책에서 얻은 지식과 정보는 생각을 전개시키는 바탕이 된다. '소도 비빌 언덕'이 있어야 하는 것처럼 아는 것이 없다면 다양하고 깊이 있는 사고를 하기가 어렵다. 독서로 쌓아 올린 배경지식은 질문하고, 생각하는 데 밑거름이 된다. 학생들에게 독서를 강조하는 이유다.

그러나 읽기만 해서는 사고력은 키워지지 않는다. 사고력은 책 속의 지식과 정보 외에도 책을 읽으면서 궁금한 점을 묻고 스스로 답을 찾아가는 과정에서 길러진다. 한 권의 책을 읽고 아무런 질문이 없다는 것은 책에 관심이 전혀 없거나 제대로 읽지 않았다는 의미이다. 질문 없이 저자의 생각에 동의만 하는 독서도 마찬가지다. 질문은 무엇을 어떻게 바라보는지에 관한 생각을 담는 그릇이다. 한 권의 책은 누군가의 편견일 수 있다. 또한 책 속에 담긴 내용이 모두 옳다고 할 수도 없다. 그러므로 책을 읽으며 혹은 읽고 나서 이상하거나 이해가 되지 않으면 질문해야 한다. 질문이 없다는 것은 남의 생각을 아무런 비판 없이 100% 동의한다는 말이다. 이는 누군가가 정해준 대로 세상을 살아가겠다는 것과 마찬가지다.

질문을 던지기 위해서는 책을 제대로 읽어야 한다. 한 줄 한 줄 생각하며 읽을 때 좋은 질문이 떠오른다. 질문은 자신이 무엇을 모르고 무엇을 더 알고 싶은지에 대해 끊임없이 묻는 과정이다. 누군가 던져주는 질문이 아닌, 스스로 궁금한 점을 묻고 답을 찾아가는 과정에서 생각하는 힘이 길러진다. 남이 던져준 질문에 반응하는 것이 아니라 내가 궁금한 것을 질문함으로써 더 열심히 답을 찾게 되고, 스스로 생각하고 행동할 수 있다. 독립적으로 사고하고, 자기 주도적으로 학습을 할 수 있는 기회를 얻게 된다. 그러면 남이 정해준 길이 아닌 자신만의 길을 만들어갈 수 있다.

바보 같은 질문은 없다

하나의 사물을 보고도 사람마다 생각하는 바가 다르다. 탁자 위에 놓인 사과 한 알을 보고도 누구는 여름내 흘렸을 농부의 땀방울을, 누군가는 아침에 먹었던 맛있는 사과주스를, 다른 누군가는 사과 자체보다 새빨간 사과의 빛깔에 관심을 가진다. 십인십색이라고 책 역시 읽는 사람의 자라온 환경과 배경지식, 가치관에 따라 다르게 읽힐 수 있다. 책을 읽고 토론하는 일은 이러한 경험과 생각을 나누는 일이다.

에르디아 토론 수업에서 가장 중요하게 생각하는 것은 '질문 만들기'이다. 질문은 토론의 질을 결정하고, 수업의 성패를 좌우한다. 질문이 무엇이냐에 따라 구성원의 다양한 생각을 끌어낼 수도 있고, 그렇지 않을 수도 있다. 책을 읽고 만들 수 있는 질문은 아주 많다. 궁금했던 점, 표지나 제목에 대한 것, 작가나 문장, 주제에 관한 질문 등등 모두 훌륭한 질문거리이다. 주의할 점은 교사가 정답이 있다는 식으로 질문의 답을 유도해서는 안 된다. 중요한 것은 아이들이 주체가 되어 왜 그렇게 생각하는지, 근거는 무엇인지를 묻고 답하는 과정을 경험하는 것이다. 그래야 내 주관이 확립된다.

다음은 루리의 《긴긴밤》의 첫 구절을 읽고 만든 예상 질문이다.

나에게는 이름이 없다.
하지만 나는 내가 누구인지 알고 있다.
나에게 이름을 갖는 것보다 더 중요한 것을 가르쳐준 것은 아버지들이었다. 나는 아버지들이 많았다. 나의 아버지들은 모두 이름이 있었다.

이 이야기는 나의 아버지들, 작은 알 하나에 모든 것을 걸었던 치쿠와 윔보, 그리고 노든의 이야기이다.

질문

- 왜 이름이 없을까요?
- 누가 말하는 걸까요?
- 이름이 없는데 어떻게 자신이 누구인지 알 수 있을까요?
- 이름이 없다면 내가 누구인지 어떻게 설명할까요?
- 이름을 갖는 것보다 더 중요한 것은 무엇일까요?

질문 만들기 규칙을 간단히 소개하면 다음과 같다.

1. 가능하면 많은 질문을 만들도록 유도한다. 이때는 질보다 양이다. 양이 많아지면 질문의 수준이 올라갈 확률이 높아진다.
2. 학생들이 만든 질문에 대해 구성원들이 비난하거나 조롱하지 않도록 한다.
3. 생각의 속도가 다름을 인정하라. 처음에는 질문의 개수보다 질문을 만들 수 있다는 것을 격려하자.

질문 만들기 게임

규칙을 알려주고 시범을 보여도 처음에는 질문 만들기가 쉽지 않다. 질문을 받기만 했지, 한 적은 별로 없기 때문이다. 그럴 때는 질문 만들기 게임을 한다. 어떤 질문이라도 좋으니 5분 안에 가장 많은 질문을 만든 사람이 이긴다고 말해준다. 아이들이 좋아하는 간식을 준비하면 대개 투지를 불태운다.

처음 질문 만들기를 하게 되면 5분 동안 10개가 넘는 질문을 만드는 아이가 있는가 하면 한 개도 겨우 적어내는 아이도 있다. 생각의 속도가 저마다 다르기 때문이다. 중요한 건 책을 읽고 저자의 생각에 무조건 동의하기보다 궁금한 점을 묻고, 반박할 수도 있다는 사실을 아는 것이다. 질문 만들 때는 포스트잇에 큼직한 글씨로 질문을 쓰고 책상 위에 올려놓고 다른 친구들이 커닝(?)할 수 있도록 한다. 이렇게 하면 다른 친구들의 질문을 참고하여 더 나은 질문을 만들 수 있다.

질문 만들기가 끝나면 폐쇄형 질문과 개방형 질문을 소개하고, 이를 토대로 만든 질문을 분류하도록 한다. 분류가 끝나면 폐쇄형 질문과 개방형 질문의 장단점에 대해 토의한다. 마무리는 폐쇄형 질문을 개방형 질문으로, 개방형 질문을 폐쇄형 질문으로 바꾸는 연습을 한다. 이는 오리엔테이션 시간에 전체를 다할 수도 있고, 몇 차시에 나누어 단계적으로 실시할 수 있다.

다음은 《카레이스키, 끝없는 방랑》을 읽고 초등학교 4~6학년 아이들이 만들어낸 질문들 중 일부다.

- 조선인들은 강제 이주에 대해 반항도 하지 않고 소련군을 왜 따랐을까요?
- 스탈린은 많고 많은 도시 중 왜 이주지역을 우슈토베로 정했을까요?
- 카레이스키들이 좋지 않은 상황 속에서도 포기하지 않을 수 있었던 이유는 무엇일까요?
- 명철이 아버지는 어떻게 되었을까요?
- 내가 카레이스키었다면 배고픈 모두를 위해서 무엇을 할 수 있었을까요?

아이와 함께할 수 있는 그림책 질문 놀이

아이가 어린 경우 그림책을 가지고도 읽기 전, 읽는 중, 읽기 후에 다양한 질문 놀이를 할 수 있다. 읽기 전에는 표지나 제목, 혹은 그림을 보면서 어떤 내용인지 예측하는 질문을 통해 아이의 상상력을 자극할 수 있다.

그림책 《세 강도》는 검은색, 빨간색, 노란색이 많이 사용되었다.

강도의 모자와 망토는 검은색이고, 무기
는 빨간색과 노란색이다. 아이에게 그림
책을 읽어줄 때 "왜 강도의 망토와 모자
는 검은색일까?"라는 질문을 던질 수 있
다. 그러면 검은색이 갖는 사회적인 의미
에 대해 생각해볼 수 있다. 무기의 색도
마찬가지다. "무기의 색이 빨간색인 이

유는 무얼까?", "경고나 위험이란 글씨도 붉은 색인데 그건 왜 그럴
까?"라는 식으로 질문을 던질 수 있다. 그냥 책을 읽어주기보다 상상
력이나 생각을 자극하는 질문을 던지면 책을 더 자세히 보게 된다. 더
불어 질문하며 책 읽는 방법을 익힐 수 있다.

질문을 할 때는 아이의 생각을 촉진할 수 있는 질문을 던져야 한다.
세상에는 '예/아니오'로 대답할 수 있는 것이 그리 많지 않다. 꼭 하나
의 정답이 있다는 생각도 버려야 한다. 오늘 맞았던 것이, 내일은 틀릴
수 있다. 사람의 입장에 따라, 혹은 상황에 따라 답은 달라질 수 있다.

특정한 정답, 혹은 부모의 생각이 정답인 것처럼 강요해서는 안
된다. 그러면 획일성에서 벗어나기 어렵다. 책을 읽어주는 목적 중
하나는 생각의 폭을 넓히기 위해서다. 질문을 통해 자신만의 생각을
펼쳐 나가게 도와주면 된다. 설령 아이가 엉뚱한 대답을 했더라도 스
스로 깨달을 수 있도록 조언하는 것이 부모의 일이다. 중요한 건 질
문을 멈추지 않는 것이다.

우리 아이 사회적인 문제들도
쯤 아는 아이로 키우기

언젠가부터 아이들과 뉴스 보는 것이 불편하게 되었다. 뉴스는 훈훈한 소식보다 자극적인 사건 사고가 대부분이다. 뉴스를 보고 있노라면 당장 내일 세상이 어떻게 될 것 같다. 좋은 것만 보여주고 들려주고 싶은 부모의 마음은 매한가지인데, 세상사는 그렇지 못하다. 그렇다고 세상과 담을 쌓고 공부에만 매달리게 할 수도 없다. 아이들이 살아가는 세상은 진공 상태가 아니다. 당장은 편할지 몰라도 자기만을 생각하는 이기심과 무관심은 오히려 족쇄가 될 수 있다. 진정한 행복을 얻으려면 다 함께 행복한 세상을 만들어야 한다. 그러기 위해서는 아이들도 사회가 어떻게 돌아가는지, 무엇이 문제인지 대강은 알고 있어야 한다.

《어린이 문학의 즐거움》(시공주니어)의 저자 페리 노들만은 "지식이 없으면 힘도 없다."고 했다. 각종 이슈를 다룬 다양한 책은 아이들이 실제로 체험하게 될, 고통스럽고 혼란스러운 문제를 미리 생각해 볼 기회를 제공한다. 특히 자기 자신이 처한 상황과 비슷한 이야기를 담고 있는 책은 어떻게 행동해야 할지 방향을 제시하고, 올바른 판단을 내릴 수 있게 도움을 준다.

10대를 위한 성교육 책

사춘기에 접어들면 그동안 부모나 주변 어른들이 심어준 가치관이나 세계관에 의문이 생긴다. 영원할 것만 같다고 여겼던 모든 것들이 변할 수도 있다는 사실을 깨닫게 되고, 정체성이 발달하면서 부모나 친구와는 별개로 자신이 어떤 사람인지를 생각하는 시간이 많아진다. 이 시기는 호르몬의 변화로 2차 성징이 나타나고, 성에 대한 호기심이 왕성해진다. 성에 대한 질문이 가장 많은 연령대도 이때다.

그러나 현재 부모 세대는 제대로 된 성교육을 받은 적이 없다. 당시에는 성교육이란 것이 아예 없었다. 성에 대해 궁금한 것을 물을라치면 "크면 다 알게 된다."는 말로 얼버무렸다. 그런 부모가 성에 대해 호기심이 왕성한 아이와 대화하는 건 쉽지 않다. 그렇다고 무시하고 넘어가자니 성에 대한 쓸데없는 환상을 심어줄까 염려스럽다. 최근에 나오는 사춘기 아이들을 위한 성교육 책은 이런 답답함을 단번에 해소해준다.

《대놓고 이야기해도 돼! 십 대가 나누어야 할 성 이야기》(팜파스)는 청소년 버전의 성교육 책이다. 십 대들이 성에 대해 터놓고 이야기하는 것을 독려하고, 성에 대해 꼭 필요한 지식과 더불어 잘못된 정보와 편견에 대해 알려주는 책이다. 묻고 답하는 형식으로 되어 있어 다양한 성에 관한 궁금증을 해소해준다.

특히 이슈가 되고 있는 성인지 감수성이나 디지털 성범죄에 대해 자세히 다루고 있다. 성인지 감수성은 성별에 대해 당연하다고 생각했던 것, 자연스럽다고 생각했던 말들이 여성 혹은 남성에 대해 어떤 고정관념이 숨어있는가를 따져보는 일이다. 사춘기 아이를 자녀로 둔 부모라면 시대에 맞는 성인지 감수성을 길러 자녀가 성폭력의 가해자 혹은 피해자가 되지 않도록 미리 교육해야 한다.

디지털 성범죄도 마찬가지다. 불법 촬영이나 유포는 물론 불법 촬영물을 소비하고 공유하는 것, 사진을 합성하여 상대방에게 성적 수치심을 안겨주는 것, 성적 농담을 하는 것도 모두 디지털 성범죄에 해당한다. 피해자가 되지 않기 위해 조심하는 것도 중요하지만, 가해자가 되지 않도록 교육하는 것도 중요하다. 이 책은 그런 고민을 가진 부모와 아이들을 위한 책이다.

온라인 성범죄 예방을 위한 책

아동을 노리는 성범죄자들은 현실에도 가상공간에도 존재한다. 최근 초등학생들의 스마트폰 사용이 보편화되면서 디지털 성범죄는 더 은밀하고 지능적이며 빈번하게 일어나고 있다. 어린이나 청소년들을 대상으로 하는 온라인 그루밍은 가정이나 학교에서 성적이나 친구 사이에 문제가 생겨 외롭거나 힘들 때, 양언니, 양오빠 등이 친근하게 접근해오면 거부감 없이 빠져들고 역으로 가해자는 그 믿음을 바탕으로 현실 혹은 온라인 상에서 성범죄를 저지르는 것을 말한다. 조직적이고 악랄하고 은밀하기 때문에 한 번 빠지면 헤어나오기가 쉽지 않다. N번방 사례에서 알 수 있듯 디지털 성범죄는 1명의 가해자가 수많은 피해자를 만들어낸다. 그 사람은 내 아이를 비롯해 누구든 될 수 있다. 그러기 위해서는 제대로 알아야 대처할 수 있다.

《검은 손길 온라인 그루밍》(크레용 하우스)은 아이들에게 '온라인 그루밍의 실상과 피해'를 알리고자 기획된 책이다. 작가의 철저한 사전 조사와 경찰 인터뷰 및 감수를 통해 현실감 있고 탄탄하게 이야기를 엮어냈다. 읽다 보면 디지털 성범죄와 온라인 그루밍에 대해 경각심을 가질 수 있다. 어린이용이지만 부모님도 함께 볼 것을 추천한다.

우리가 알아야 할 헌법

2022년 10월 29일 토요일, 대한민국 서울 용산구 이태원동 해밀톤호텔 서편의 좁은 골목에서 핼러윈 축제를 즐기려는 수많은 인파가 몰리면서 압사 사고가 발생했다. 사망자는 159명이며, 대부분 20대와 30대였다. 서울 시내 한복판에서 인파에 몰려 깔려 죽은 것도 아니고, 끼여 죽은 사건이었다. 사건이 보도되자, 국민 모두는 충격에 빠졌다. 그것도 거리두기 해제 후 처음 맞는 핼러윈 축제를 즐기려고 갔다가 당한 사고라서 더 가슴이 아팠다. 같은 사건을 두고 여론은 두 갈래로 갈라졌다. 한쪽은 국민을 지키고 보호해야 할 국가가 자신의 책임을 다하지 못해 사고가 일어났다고 했고, 다른 한쪽은 놀다가 죽었는데, 그것이 어떻게 국가의 책임이냐고 맞섰다.

아이들은 내게 물었다. 누구에게 책임이 있냐고. 그렇게 해서 함께 읽게 된 책이 《선생님, 헌법이 뭐예요?》(철수와영희)이다. 헌법은 국가의 기본이 되는 법이다. 이태원 참사와 관련 있는 헌법 문구는 헌법 제34조 제6항인 '국가는 재해를 예방하고 그 위험으로부터 국민을 보호하기 위하여 노력하여야 한다.'이다. 국민이 세금을 내고, 전쟁이 났을 때 목숨 걸고 나라를 지키는 것은, 내가 위험에 처했거나 도움이 필요로 할 때 국가가 나를 지켜주리라는 믿음을 전제하기 때문이다.

국민이 없으면 국가도 없다. 국가의 존재 이유는 국민을 안전하게

성적으로 연결되는 초등 비문학 독서법

지키는 것이다. 이태원 참사를 계기로 아이들과 함께 '헌법'에 대해 알아보고, 국가의 책무에 대해, 국민의 기본권에 대해 많은 이야기를 나누었다. 이런 대화는 민주적인 시민 의식을 기르는 데 도움이 된다.

혐오와 차별

최근 사람들 입에서 '혐오스럽다'나 '극혐' 등의 말을 많이 듣는다. 누군가는 다른 사람의 행동이나 말이 자신의 맘에 들지 않으면 습관처럼 "극혐"이란 말을 내뱉는다. 이는 남녀노소 상하좌우를 가리지 않는다. 학교나 지역에 따라 차이는 있을지언정 초등학생들 사이에서도 혐오 표현은 하나의 문화로 자리 잡았다.

예를 들어 혐오 표현인 저능아, 빙신, 바보곰탱이, 애자 등은 아이들 사이에서 튀는 행동을 하거나, 행동이 굼뜨거나, 엉뚱한 소리를 해대거나, 이해력이 떨어지는 친구들에게 자주 쓴다. 심지어는 친한 친구들끼리도 이 말을 자주 쓴다. 문제는 웃자고 한 말, 재미있어서 따라 한 말, 모르고 쓴 말이 누군가에게는 상처가 될 수 있다.

이런 말은 장애인은 늘 부족하고 열등하다는 의미를 내포하고 있다. 즉, 장애인을 비하하는 말이다. 처음에는 유머러스한 것 같아 장난삼아 혹은 재미있어서, 친구가 하니까 따라 하다가 습관적으로 쓰게 된다.

혐오 표현은 어떤 대상을 단순히 싫어하는 개인적인 감정이 아니다. 그 밑바탕에는 도덕적 비난의 의미와 사회 구조적인 문제가 깔려 있다. 혐오 표현은 소수자 또는 특정 집단에 대한 부정적 인식, 차별, 편견과 같은 태도를 담고 있다. 혐오 표현을 하는 사람들의 내면에는 소수자 집단은 열등하므로 차별받는 것이 당연하다는 전제가 깔려 있다. 반면 그런 말을 하는 나와 내가 속한 집단은 깨끗하고, 우월한 존재라고 선을 긋는다. 그리고 사회적 위기와 불안이 고조되면 사람들은 소수자 집단 때문에 그런 일이 벌어졌다고 비난의 화살을 돌린다.

혐오 표현은 집단적·사회 구조적으로 작용하면서 세대를 거쳐 이어진다. 부모에서 자식으로, 그 손자까지 뿌리 깊은 혐오의 감정이 자리 잡는다. 혐오는 말과 글뿐만 아니라 행동, 복장, 상징물과 같이 다양한 양상으로 나타날 수 있다. 예를 들어 양손으로 자신의 눈을 가로로 길게 찢었다면 이는 동양인을 비하하는 행동이다. 주로 유럽, 미국에서 쓰이며, 일명 Chinky Eyes로 찢어진 눈을 의미하는 동양인을 비하하는 대표적인 제스처이다.

차별과 혐오는 우리가 미처 알아채지 못한 순간에도 존재한다. 웃음과 장난이라는 가면 뒤에, 혹은 오랜 세월 동안 당연시되어 온 사회 분위기 속에 몸을 숨기고 사람들 사이를 오가며 일상에 녹아들기도 한다. 《왜요, 그 말이 어때서요?》(동녘)는 우리가 흔히 쓰는 차별과 혐오의 언어가 어떤 문제가 있는지 알려준다.

더불어 《이 장면, 나만 불편한가요?》(자음과모음)는 우리가 즐겨보는 TV, 인터넷 방송, SNS 등 미디어 속 차별과 혐오에 대해 다루고 있다. 기회 불평등, 젠더, 빈부 격차, 사회적 소수자, 외모와 인종에 이르기까지 우리 사회에서 일어나는 차별의 모습을 비추고, 그것들이 미디어를 타고 어떻게 확산되는지, 왜 문제가 되는지를 되짚어보는 책이다.

가짜 뉴스

이태원 참사가 발생한 직후 "피해자가 마약을 복용했다. 유명인이 술집을 방문해 인파가 몰리면서 참사가 발생했다."는 가짜 뉴스가 온라인상에서 퍼졌다. 나중에 가짜 뉴스로 밝혀졌지만, 위력은 대단했다. 가짜 뉴스는 내용이 거짓이라도 기사 형식을 갖추고 있다. 그래서 사람들은 이를 진짜라고 믿는다. 특히 아이들은 어른들보다 SNS와 유튜브를 많이 이용하기 때문에 가짜 뉴스를 접하기가 쉽고, 친구들과도 공유하는 걸 좋아해서 진위여부를 확인해보지 않고 퍼트리기도 한다.

가짜 뉴스는 개인의 인격을 침해하고, 그릇된 정보로 사회에 혼란을 일으킨다. 허위사실 유포가 무조건 범죄가 되는 건 아니지만, 누군가의 명예를 훼손했다면 처벌받을 수 있다. 명예훼손의 경우 단순 유포자도 처벌의 대상이 될 수 있다.《어린이가 알아야 할 가짜 뉴스

와 미디어 리터러시》(팜파스)는 가짜 뉴스 속에 담긴 불편한 진실과
가짜 뉴스가 무엇인지, 어떻게 걸러내는지 등을 다룬 이야기책이다.
미디어의 특징과 뉴스를 제대로 읽는 방법을 배울 수 있다.

성적으로 연결되는 **초등 비문학 독서법**

선택적 필사로
책을 더 깊이 이해하기

필사는 인간의 본능이다

모방은 인간의 본능이다. 이는 어린아이가 말을 배우는 과정을 생각해 보면 알 수 있다. 갓난아기들은 부모나 양육하는 이의 말소리를 듣고 흉내 내는 과정에서 발음 기관이 발달하고 점차 다양한 소리를 낼 수 있게 된다. 언어만 그럴까? 인류 역사에 영원히 기억될 문학, 예술도 이 모방 본능을 비켜갈 수 없다. 시나 소설, 음악, 그림 등도 처음 익힐 때는 좋은 작품을 흉내 내는 데서 시작한다. 진부하지만 '모방은 창조의 어머니이다!'란 말은 불변의 진리다. 필사는 '모방'의 대표적인 사례다. 복사해서 붙여 넣기처럼 구두점 하나까지 똑같이 베껴 쓰는 필사는 인간 본능에 가장 부합하는 행위다.

267

필사는 최고의 독서법이다

조선의 최고 학자 정약용은 필사를 최고의 독서법이라 생각했다. 유배지에서도 아들들에게 필사의 중요성을 강조하며, 필사에 힘쓸 것을 당부했다. 그는 자식들에게 보낸 편지에서 이렇게 말했다.

"부지런히 메모하라. 쉬지 말고 적어라. 기억은 흐려지고, 생각은 사라진다. 머리를 믿지 말고 손을 믿어라. 기록은 생각의 실마리다. 기록이 있어야 생각이 복원된다. 습관처럼 적고 본능으로 기록하라."

— 정민 선생의 《다산 선생 지식경영법》

읽다 보면 다산이 얼마나 필사를 중요하게 생각했는지가 잘 느껴진다. 세종대왕 역시 필사에 필사적이었다. 백독백습, 그는 무슨 책이든 백 번 읽고 나서야 다른 책을 읽었고, 백 번을 쓰기까지 했다. 약관의 나이에 조선 최고의 석학들을 논리로 제압할 수 있었던 것도 모두 이런 백독백습의 독서법 덕분이었다.

필사란 손으로 책을 읽는 가장 대표적인 방법이며, 가장 느린 독서법이다. 느리지만 효과가 확실한, 그래서 책의 영양분을 남김없이 쭉쭉 빨아들일 수 있다. 필사하면 마음에 드는 문장은 더욱 깊은 감동을 느낄 수 있고, 더 깊이 책 내용에 집중할 수 있다. 읽으면서는

성적으로 연결되는 초등 비문학 독서법

혹 지나갔을 내용이 새롭게 보이고, 이해가 안 되었던 부분이 자연스럽게 이해가 되기도 한다. 더불어 문장의 의미가 이해되는 것을 넘어 작가가 전달하고자 했던 메시지가 영혼에 새겨지기까지 한다.

뿐만 아니다. 감동적인 시나 이야기책에는 아름다운 표현과 어휘가 가득하다. 천천히 문장을 음미하면서 따라 쓰다 보면 작가의 문체나 표현을 배울 수 있어 어휘나 표현력까지 풍부해진다. 좋은 글을 쓰기 위한 지름길은 좋은 글 베껴 쓰기, 소위 '명문 필사'라는 사실은 널리 알려져 있다.

필사는 좋은 글을 쓰기 위한 마중물이다. 수도 시설이 갖추어지기 전 지하수를 끌어올려 사용하는 펌프라는 게 있었다. 그냥 펌프질을 하면 물을 끌어올릴 수 없고 물을 한 바가지쯤 부어야 한다. 그 한 바가지의 물을 마중물이라고 한다. 물을 얻기 위해 마중물이 필요하듯 필사는 좋은 글을 쓰기 위한 마중물이다.

필사는 기억력과 집중력 향상에도 영향을 미친다. 에빙하우스의 망각곡선에 따르면 배운 지 20분이 지나면 기억의 40%, 1시간이 지나면 50%, 하루가 지나면 60%, 1개월이 지나면 80%가 사라진다고 한다. 아무리 많이 읽어도 기억하지 못하면 소용이 없다. 창의성도 일정량의 지식이 쌓여야 생겨난다.

반복은 짧은 기억을 잡아두기 위한 최상의 방법이다. 필사는 눈으로 한 번 보고, 글로 쓸 때 소리 내어 또 읽게 되므로 책 내용을 훨씬 자세히 익힐 수 있다. 여러 번 반복하다 보면 내용을 훨씬 꼼꼼히 읽을 수 있고, 그 문장을 온전히 내 것으로 만들 수 있다.

이를 증명하듯 새봄 출판사 대표 김새봄은 필사에 대해 "눈은 시각 이미지를 만들 뿐이지만, 손으로 쓰며 한 번 더 읽게 되면 시각 이미지와 더불어 그 문장을 감각적으로 몸에 저장할 수 있게 되는 것이다."라고 말한다.

필사는 집중력도 높여준다. 뇌는 한꺼번에 여러 활동에 집중하기 힘든 구조다. 필사는 눈으로 문장을 보고 손으로 글자를 한 자 한 자 써야 하는 정교한 작업이다. 다른 생각이 끼어들 틈이 없다. 행위 자체에 몰입하다 보면 근심, 불안, 걱정과 스트레스에서 벗어나 마음이 차분히 가라앉는다. 선조들이 베껴쓰기를 마음 수양의 방편으로 삼았던 것도 같은 이유다.

필사는 뇌 발달에 도움이 되기도 한다. 손에는 인체의 뼈 총 206개 중 4분의 1에 달하는 54개의 관절이 양손에 분포되어 있다. 눈과 손의 협업은 뇌와 풍부한 신호를 주고받을 수 있어 집중, 기억, 연상, 운동 능력 등을 수행하는 뇌의 다양한 영역을 골고루 자극하게 된다. 실제 운동·감각·언어·기억 같은 기능을 통솔하는 뇌의 중추신경 중 30%는 손의 움직임에 반응해 활성화하는 것으로 밝혀졌다.

필사의 정석은 책의 처음부터 끝까지 내용 전체를 천천히 옮겨 적은 것을 말한다. 내 생각이나 느낌을 적는 게 아니라 작가가 쓴 문장 그대로를 베껴 쓴다. 복사 붙여 넣기와 비슷하지만 한 자 한 자 정성껏 내용을 음미하면서 옮겨 적어야 한다. 이때 단어와 문장부호, 맞춤법, 띄어쓰기, 문단 나눔까지 똑같이 따라 써야 한다. 이런 이유로 《공부머리 독서법》(책구루)의 저자 최필승은 필사야말로 슬로리딩과 반복 독서의 장점을 두루 갖춘 궁극의 독서법이라고 극찬했다.

그러나 아무리 필사가 좋다고 해도 진입 장벽이 너무 높으면 엄두를 내지 못하거나 중도에 포기하게 된다. 바쁜 일상을 사는 어른들에게도 책 한 권을 베껴 쓰는 일은 여간해 쉽지 않은 일이다. 시간도 오래 걸리고, 중도에 포기하기 쉽다. 더구나 초등학생들이 한 권의 책을 통째로 필사하는 일은 언감생심이다. 그보다는 매일 운동한다는 생각으로 꾸준히 적정 분량을 필사하는 것이 효과적이다.

천 리 길도 한 걸음부터

초등학생들이 당장 실천할 수 있는 손쉬운 필사는 책을 읽다 마음에 드는 문장이나 대사를 독서 노트에 베껴 쓰는 것이다. 문장 선택의 기준은 두 가지다. 하나는 이야기책의 경우 다른 사람들도 중요하다고 생각하는 부분이나 함께 토론해보고 싶은 문장을 찾는 것이고, 다른 하나는 나에게 의미가 있거나 재미있다고 생각되는 문장이나 대사를 찾는 것이다. 지식 정보책의 경우 새롭게 알게 된 부분이나 이제까지 잘못 알고 있었던 것을 알게 되었거나, 다른 사람들에게 도움이 되는 부분 등을 필사하면 된다.

그럼 필사는 몇 학년부터 시작하는 것이 좋을까? 1학년부터 시작하면 좋다. 초등 1학년의 경우 한글 뗀 지 한참이 지났어도 연필 잡는 힘이 부족한 경우가 많다. 손가락 근육이 충분히 발달하지 않아서다. 필사는 연필 잡는 손의 힘을 길러준다. 하루 10분씩 꾸준히 연습하다 보면 손끝을 자극하기 때문에 뇌 발달에도 도움이 된다.

필사를 하게 되면 집중력도 기를 수 있다. 초등 국어 문제집의 경우 대다수가 지문에서 문장을 찾아 그대로 쓰거나 적당히 재구성하는 답을 요구한다. 그런데 지문을 제대로 읽지 않거나 대충 읽고 답을 쓰는 경우가 많다. 물론 지문을 제대로 찾아냈다고 해도 그대로 옮겨 적는 일도 쉬운 것은 아니다. 집중력이 필요하다. 처음 필사를 하면 맞춤법 틀리기와 줄을 빼먹거나 글자 빼먹기는 아이들이 가장 많이 하는 실수다. 꾸준히 필사하게 되면 집중력이 높아져 실수를 줄일 수 있다.

준비물은 편한 마음과 10칸 공책, 연필이면 된다. 횟수는 주 3회~4회 하고 5~10분 안에 끝낼 수 있는 분량을 준비한다. 필사할 내용은 어렸을 때 즐겨 읽던 그림책이나 동시집, 또는 아이의 관심 분야의 책 중 한 권을 선택한다. 아이에게 선택권을 부여하면 자발성이 높아진다. 맘에 안 들어도 일단 타협한다. 혹자는 국어 교과서로 하시는 분도 있는데, 아이가 거부하지 않으면 상관이 없다.

쓸 때는 한 자 한 자 정성껏 쓰라고 가르쳐준다. 토씨 하나, 쉼표 하나까지도 똑같이 쓰는 습관을 들이면 모방을 통해 각 문장들이 지닌 미묘한 의미나 리듬, 글의 구조와 전개 방식 등을 습득할 수 있다. 꾸준히 하다 보면 다양한 어휘는 물론 세련된 표현까지 자연스럽게 익힐 수 있어 어휘 창고에 어휘들이 차곡차곡 쌓이는 것을 눈으로 확인할 수 있다. 물론 맞춤법, 줄 빼먹기, 글자 빼먹고 쓰기 등의 실수를 줄이는 것은 덤이다. 좋아하는 구절이라면 같은 내용을 반복해서 쓰고, 날마다 쓴 것을 벽에 붙여놓고 글씨가 어떻게 발전해갔는지 비교해보는 것도 재미있다.

우리 아이의 경우 처음에는 좋아하는 그림책을 베껴 쓰려고 계획했다. 그런데 자신이 외운 시를 써보겠다고 했다. 그때가 큰아이가 2학년이었으니 그림이 많아도 쪽수가 부담스러웠나 보다. 시는 그림책보다 짧으니까 나름 꼼수를 쓴 것이다. 그때 베껴 쓴 시가 나희덕의 〈배추의 마음〉이었다. 처음에는 책을 보지 않고 기억한 걸 썼는데 나중에 보니 빼 먹은 구절도 있고, 맞춤법도 엉망이었다. 신기한 건 외울 때는 아무런 질문이 없었는데 필사를 하면서 "헛일이 뭐예요?", "'튼실하다'란 말이 뭐예요?", "풀물이 뭐예요?" 하며 마구 질문을 해댔다. 쓰면서 그 뜻이 궁금해진 것이다. 덕분에 〈배추의 마음〉은 우리 집에서 가장 애송하는 시가 되었다.

처음 필사를 할 때는 10칸 공책 한 장을 쓰는 데도 시간이 꽤 걸렸다. 그대로 옮겨 적는데도 자꾸 틀리니 자존심이 상했던지 틀리지 않기 위해 문장 한 줄을 쓸 때도 거듭 확인했다. 그러다 보니 속도가 떨어졌다. 하지만 어느 정도 익숙해지자 속도에 탄력이 붙기 시작했다.

더불어 맞춤법, 줄 빼먹기, 글자 빼먹고 쓰기 등이 현저히 줄어갔다. 필사의 효과는 수학에서도 발휘되어, 계산 실수가 줄어들었다. 영어 단어의 철자도 예전보다 덜 틀리고 받아쓰기를 하면 거의 백 점을 받아왔다.

책은 따로 사지 않고 가지고 있는 책을 활용했다. 처음에는 정해 주는 책으로 하다가 나중에는 스스로 필사할 책을 골랐다. 책을 고르기 위해 이 책 저 책 훑어보는 모습은 보는 것만으로도 흐뭇했다. 속 담 풀이집, 동시집, 수수께끼책, 시조집, 그림책, 단편 동화집 등등.

내 경우 아이들 스스로 책을 골랐지만, 처음 필사할 글을 고르는 분들은 다음과 같은 기준을 세워 필사할 글을 고르면 시행착오를 줄일 수 있다.

1. 당연한 것이지만 문장들이 문법에 어긋남이 없어야 한다. 문학 작품의 경우 의도적으로 비문을 쓰는 경우도 있다.
2. 문장이 쉽고 간결해야 한다.
3. 문장의 길이가 단문, 장문, 단문 장문 식으로 리듬감이 있으면 더 좋다.
4. 이왕이면 적절한 비유와 다양한 어휘를 사용한 글을 고른다.
5. 관심 있고 좋아하는 내용이어야 한다.

고학년의 경우 좋아하는 책을 읽다 마음에 드는 구절이나 밑줄 그은 문장을 베껴 쓰도록 한다. 책을 읽으면서 할 수도 있지만 중간에 필사를 하기 위해 멈추면 읽는 재미가 반감되므로 표시를 한 다음 읽고 나서 하기를 권한다. 분량은 자유지만 《청소년을 위한 필사 가이드》(북바이북)에서는 부담감 없이 필사할 수 있는 분량은 5줄이라고 한다.

앞에서 어휘를 늘리는 가장 확실한 방법은 독서라고 말했다. 하지만 무턱대고 읽기만 해서는 어휘가 늘지 않는다. 어휘의 뜻을 정확히 알고 적확한 쓰임새는 필사를 통해 다질 수 있다. 필사를 하면 천천히 읽게 되고, 눈으로 보고 다시 글로 적으면서 자연스럽게 어휘가 늘게 된다. 문해력은 어휘 부족에서 온다. 필사는 고급 어휘를 익힐 수 있는 손쉬운 방법이다.

실학의 대가인 다산 정약용은 귀양지인 강진에 있을 때도 서울에 있는 자식들에게 초서(抄書) 방식의 독서를 권했다. 초서란 책을 읽다가 중요한 부분에 밑줄을 긋고 나서 베껴 쓰는 독서법이다. 즉, 메모하면서 읽는 독서법이다. 독서 전문가 서상훈은 이런 초서 방식의 독서로 생각이 쌓이고 지식이 쌓이면 식견이 생겨난다고 했다. 여기서 식견이란 세상을 보고 사물을 이해하는 안목을 말하는데, 책을 읽는 목적이 바로 이 안목을 키우기 위함이다. 익숙해지면 여기에 자신의 생각을 덧붙여 쓰도록 한다. '저자는 왜 이런 생각을 했을까?', '좀 다르게 생각할 수는 없었을까?' 등 떠오르는 질문과 생각을 덧붙인다.

다음은 필사한 내용에 자신의 생각을 덧붙인 글이다.

다음 날 아침 일찍, 문 앞에서 아버지의 목소리가 들렸다.

"네가 그렇게 공부하고 싶다면 하게 해 주마. 다만 서당에 가는 것이 아니라 집에서 하거라. 훈장님을 모시고 사랑방에서. 이제 나와서 밥 먹자. 어제부터 굶었잖니? 어서!"

나는 너무 기뻐 하마터면 소리를 지를 뻔했다.

"진짜요? 약속하셨어요!"

방문을 열어젖히고 뛰어나가자 아버지는 안쓰러운 얼굴로 나를 바라보았다.

"그래. 내가 네 고집을 어떻게 꺾겠니. 대신 글 열심히 배워야 한다!"

-《김란사, 왕의 비밀 문서를 전하라》(초록개구리), 13쪽

문장을 뽑은 이유

저는 평소 공부가 재미있다고 생각한 적인 한 번도 없습니다. 발레를 제외하고는 무언가를 배우기 위해 부모님을 조른 적은 한 번도 없습니다. 그런데 이 글을 읽으면서 김란사 선생님이 얼마나 배움에 간절했다는 걸 알 수 있었습니다. 전 그 반대로 공부하는 것이 지겹습니다. 만약 제가 김란사 선생님과 같은 입장이라면 배움에 열심일 수 있을까요? 너무 많이 배워서 지겨운 걸까요? 아니면 내가 원하지 않아서 그런 걸까요? 저도 김란사 선생님처럼 공부를 열심히 하고 싶은데 그게 쉽지 않습니다.

- 초4 여학생